中等职业学校汽车运用与维修专业新课程教学用书

Qiche Chuandong Xitong Weixiu Gongzuoye

汽车传动系统维修工作页

（第3版）

邱志华　张　发　主编

人民交通出版社股份有限公司
China Communications Press Co.,Ltd.

内 容 提 要

本工作页是培养汽车运用与维修专业学生胜任汽车售后服务企业汽车传动系统维修等工作的能力。全书由7个学习任务组成，即传动系统的维护、万向传动装置的维修、离合器操纵机构的检测与维修、离合器总成的检测与维修、手动变速器总成修理、主减速器总成修理、手动变速驱动桥换挡困难的故障诊断与排除。

本工作页既可作为职业院校汽车运用与维修专业学生的教学用书，也可作为职业技能的岗位培训和其他从事相关专业人员的参考书。

图书在版编目（CIP）数据

汽车传动系统维修工作页／邱志华，张发主编．—3版．—北京：人民交通出版社股份有限公司，2020.3
 ISBN 978-7-114-16298-5

Ⅰ.①汽…　Ⅱ.①邱…②张…　Ⅲ.①汽车—传动系—车辆修理　Ⅳ.①U472.41

中国版本图书馆CIP数据核字（2020）第014188号

书　　　名：	汽车传动系统维修工作页（第3版）
著　作　者：	邱志华　张　发
责任编辑：	李　良
责任校对：	赵媛媛
责任印制：	刘高彤
出版发行：	人民交通出版社股份有限公司
地　　　址：	（100011）北京市朝阳区安定门外外馆斜街3号
网　　　址：	http：//www.ccpcl.com.cn
销售电话：	（010）59757973
总　经　销：	人民交通出版社股份有限公司发行部
经　　　销：	各地新华书店
印　　　刷：	北京市密东印刷有限公司
开　　　本：	880×1230　1/16
印　　　张：	9
字　　　数：	251千
版　　　次：	2008年9月　第1版
	2013年8月　第2版
	2020年3月　第3版
印　　　次：	2021年8月　第3版　第2次印刷　总计第13次印刷
书　　　号：	ISBN 978-7-114-16298-5
定　　　价：	26.00元

（有印刷、装订质量问题的图书由本公司负责调换）

中等职业学校汽车运用与维修专业
新课程教学用书

主　　　编　刘建平　辜东莲
顾　　　问　赵志群

编　委　会

主 任 委 员　周炳权　胡学兰
副主任委员　刘建平　张燕文　辜东莲
编　　　委　(按姓氏笔画排序)

叶伟胜	冯明杰	刘付金文	刘桂松
刘　毅	朱伟文	齐忠志	何　才
何媛嫦	张东燕	张　发	张琳琳
李　琦	邱志华	邱志成	陆宝芝
陈万春	陈高路	陈楚文	麦锦文
巫兴宏	庞柳军	林文工	林志伟
林夏武	林根南	林清炎	林鸿刚
武　华	武剑飞	段　群	胡炳智
赵中山	唐奎仲	唐蓉芳	徐正国
萧启杭	曾晖泽	赖　航	蔡北勤
鞠海鸥	魏发国		

序

汽车维修专业课程改革在我国已经开展多年了，如何打破传统的"基础课、专业基础课、专业课"的三段式模式，以及改变以"教师、教室、教材"为核心的三中心特征，一直以来备受关注。虽然有许多学校都在尝试着改革，也取得了许多可喜的成果，但真正意义上的突破还是不多。这套教材的出现真正让我有了一种"久旱逢甘雨"的感觉。记得2004年6月应广州市交通运输职业学校之邀，我参加了该校模块化教学改革研讨会，参观学校模块化教学实训中心，并与老师们一起讨论模块化教材编写，那次接触让我看到了这所学校在汽车维修专业改革中"敢为人先"的闯劲。现在看到教材样稿果然不同凡响，再次让我感受到广州市交通运输职业学校在汽车维修专业改革上的不断创新精神。

汽车维修中职教育首先有着明确的培养目标，那就是培养当代汽车维修技术工人。怎样把学生培养成合格的人才是汽车维修中职教育的关键所在，而在教学过程中，理论与实践结合应该采取何种形式，又是问题的要点所在。汽车维修教学中理论与实践结合往往容易出现重视形式上的结合，忽视实质上结合的问题，例如：将汽车构造教材与汽车维修教材简单地合编成"理实"结合在一起的教材，还有将教室直接搬到实训中心内的形式上的"理实"结合等。真正的"理实"结合应该是根据培养对象和培养目标来确定的、有着实际内涵的"理实"结合。这套教材以汽车维修实际工作任务为核心，将专业能力与关键能力培养、学习过程与工作过程融为一体，以此展开相关联部分的系统结构、系统原理、维修工艺、检验工艺、工具量具使用、技术资料查阅以及安全生产等内容的"理实"一体化教学。这种方式首先以动手解决具体问题为目标，这样可以极大地调动学生的学习兴趣，学生在学习技能的同时，将必要的理论知识结合在实践过程中一起学习，让学生不仅掌握怎么做的要领，还教给学生为什么这样做的道理。在这种模式中，学生是为了更好地理解所要完成的学习任务才去学习相关理论知识的，这就调动了学生学习理论知识的主动性。学生在学习并完成了实用的汽车维修工作任务后，激发出来的职业成就感，必然会使学生重建因学会工作的内容而久违了的自信心，这正是我们职业教育最应该达到的教学效果。

我为这套教材所呈现的课程模式感到由衷的高兴，并对付出辛勤劳动撰写这套教材的每一位老师表示由衷的感谢。我真诚地希望这套教材能够为我国汽车维修专业改革送上一股不断创新的强劲东风，为创造出更加适合我国国情的汽车维修专业课程模式投石问路，为汽车维修职业教育的发展锦上添花。

朱　军

依据设计导向的职业教育思想,以培养学生综合职业能力为目标,以工作过程系统化为教学原则,广州市交通运输职业学校组织专家与老师编写了"中等职业学校汽车运用与维修专业新课程教学用书"。该套教学用书采用工作页的编写模式,以工作过程系统化课程构建、理论实践一体化教学实施和丰田、通用等校企合作项目开展为教学实践基础,是一套符合职业成长规律的工学结合课程教学用书。

本套教学用书自2007年9月首次出版以来,获得社会各界的一致好评,并于2013年修订再版。2012年,本套教材申报教育部"中等职业教育改革创新示范教材",有多本教材入选,2014年以本套教材为核心成果的"基于能力培养的中职汽车运用与维修专业工学结合课程研究与实践"获评国家级教学成果一等奖。这也证明了本套教材不论在教学理论、教学内容,还是教学组织形式上,都具有较强的改革创新特性,值得向全国广大的职业院校进行推广。

该套教学用书重点强调对学生自主学习能力的培养,旨在使学生在完成典型工作任务的过程中,学会学习,学会工作。在处理师生的关系、学习目标、课程内容、学习过程和学业评价等方面,该套教学用书具有如下特点:

1. 学生有学习的空间

首先,学习之初所明确的具体学习目标和学习内容可使学生随时监控自己的学习效果,自我评价和他人评价的结合为实现个性化的学习创造了条件;其次,体系化的引导问题强化了学生的主体地位,给学生留下充分思考、实践与合作交流的时间和空间,使学生亲身经历观察、操作、交流和反思等活动;再次,工作页中并不全部直接给出学习内容,而是需要学生通过开放性的引导问题和拓展性学习内容去主动获取,旨在培养学生的自主学习能力,从而使学生能够进一步理解技术知识并提高解决问题的能力;最后,尽量营造接近现实的工作环境,从栏目设置、文字表达、插图到学习内容的安排,都鼓励学生去主动获得学习和工作的体验。

2. 教师角色的多元化

本套教材在明确学习目标的情况下,通过引导问题来提供与完成学习任务联系十分紧密的知识,为教学组织与实施留下许多的创造空间。需要教师转换角色,从一名技术知识的传授者,转化为提高学生综合职业能力的促进者、学习任务的策划者、学习行动的组织动员者、学习资源的提供者、制定计划与实施计划的咨询者、学习过程的监督者以及学习绩效的评估和改善者,即教师的多元化角色。因此,建议在教学实施中,由教师团队共同负责组织教学。

3. 学习目标的工作化

学习目标就是工作目标,既能体现职业教育的能力要求,又能具有鲜明的工作特征。这里的能力不仅仅强调"操作性"与"可测量性",是具有专业内容的综合职业能力,包括专业能力和关键能力,既有显性的、可测量和可观察的工作标准要求,也含有隐性的、不可测量的能力和经验成分。与此同时,学习目标不但具有适度开放的空间,既不拘泥于当前学校或企业的状况,还能充分体现出职业生涯成长的综合要求。

4. 课程内容的综合化

课程内容的综合化体现在:一方面,每个学习任务的内容都具有综合性的特征,既有技能操作,也有知识学习,是工作要求、工作对象、工具、方法和劳动组织方式的有机整体,反映了工作与技术、社会和生活等的密切联系;另一方面,反映典型工作任务的学习任务也具有综合性的特征,要求每个学习任务的内容虽相互独立但又具有内在的联系。

5. 学习过程的行动化

行动化的学习过程首先体现在行动的过程性,让学生亲身经历实践学习和解决问题的全过程,在实践行动中学习,而非以往那种完成理论学习后再进行实践的学习过程;其次是行动的整体性,无论学习任务的大小和复杂程度如何,每个学习任务都要学生完成从明确任务、制定计划、实施计划、检查控制到评价反馈这一完整的工作过程;再次,有尝试新行动的实践空间,尽量创造条件让学生探索解决其未遇到过的实际问题,包括独立获取信息、处理信息,整体化思维和系统化思考。

6. 评价反馈的过程化

过程化首先体现在评价反馈是完整学习过程的一部分,是对工作过程和结果的整体性评价,是学习的延伸和拓展;其次在计划与实施环节中,工作的"质量控制与评价"贯穿于整个过程。过程化的学习评价可帮助学生获得初步的总结、反思及自我反馈的能力,为提高其综合职业能力提供必要的基础。

随着汽车技术的升级换代,综合参考全国各地职业院校和出版社反馈的使用意见,编者在第2版基础上进一步修订,"中等职业学校汽车运用与维修专业新课程教学用书(第3版)"得以与社会各界见面。与第2版相比,本版教材作了如下改进:

(1)车型技术进行了更新升级。本套教材仍然以丰田卡罗拉车型为主要技术载体,从2010款卡罗拉车型升级为2014款卡罗拉车型,紧跟市场变化。

(2)通过学习拓展等方式增加新技术。删减了已逐渐淘汰的汽车技术,通过学习拓展等方式新增了车身电子稳定系统(ESP)、车载局域网、汽油机缸内直喷、空调电动压缩机、电池能源管理系统等技术。

(3)对第2版中的错漏部分进行了修订。

(4)重要知识点旁配置了二维码,扫码可观看该知识点的动画或视频,可使教学更加立体化。

本套教材由广州市中等职业教育地方教材建设委员会组织编写,广州市教育局教学研究室和广州市交通运输职业学校共同主持实施,并得到了人民交通出版社股份有限公司的指导,丛书主编为广州市交通运输职业学校刘建平和广州市教育局教学研究室辜东莲,特邀北京师范大学技术与职业教育研究所所长赵志群为课程设计顾问。

本书由广州市交通运输职业学校邱志华、张发主编,叶伟胜参编。其中邱志华编写学习任务1、学习任务5,张发编写学习任务3、学习任务4、学习任务7,叶伟胜编写学习任务2、学习任务6,全书由邱志华、张发统稿,广州美轮汽车有限公司刘志勇、黄荣鸿、李健威,广州瑞华粤通汽车销售服务有限公司吴宝锋,广州仁孚汽车销售服务有限公司胡杰,广州龙星行汽车销售服务有限公司伍华森等企业专家对本书的编写给予了技术支持。

由于教材编者的编写工作是在不断地实践和理论学习过程中进行,正处于不断的学习与更新过程中,难免有不妥之处,还请使用本书的广大师生不吝批评指正。

编　者
2019年8月

致同学

亲爱的同学，你好！

欢迎你就读汽车运用与维修专业！

在我国，汽车产品、技术日新月异，汽车快速普及，汽车行业迅速发展，汽车维修技术人员已成为技能型紧缺人才，作为未来的汽车维修技术能手，你将如何迎接这一挑战？在此，希望我们的新课程工作页能够为你的职业成长提供帮助，为你职业生涯打下坚实的基础。

与你过去使用的教材相比，你手里的工作页是一套全新的教学材料，它能帮助你了解未来的工作，学习如何完成汽车维修中的重要工作任务，按照职业成长规律，促进你的综合职业能力发展，使你快速成为令人羡慕的汽车维修技术能手！

为了让你的学习更有效，希望你能够做到以下几点：

一、主动学习

要知道，你是学习的主体。工作能力主要是靠你自己亲自实践获得的，而不仅仅是依靠教师在课堂上讲授。教师只能为你的学习提供帮助。比如说，教师可以给你解释汽车发生的故障，向你讲授汽车维修的技术，教你使用汽车维修的工具，为你提供维修手册，对你进行学习方法的指导。但在学习中，这些都是外因，你的主动学习才是内因，外因只能通过内因起作用。职业成长需要主动学习，需要你自己积极地参与实践。只有在行动中主动和全面的学习，才能更好地获得职业能力，因此，你自己才是实现有效学习的关键所在。

二、用好工作页

首先，你要了解学习任务的每一个学习目标，利用这些目标指导自己的学习并评价自己的学习效果；其次你要明确学习内容的结构，在引导问题的帮助下，尽量独立地去学习并完成包括填写工作页内容等的整个学习任务；再次，你可以在教师和同学的帮助下，通过查阅维修手册等资料，学习重要的工作过程知识；最后，你应当积极参与小组讨论，去尝试解决复杂和综合性的问题，进行工作质量的自检和小组互检，并注意规范操作和安全要求，在多种技术实践活动中你要形成自己的技术思维方式。

三、把握好学习过程、学习内容和学习资源

学习过程是由学习准备、计划与实施和评价反馈所组成的完整过程。你要养成理论与实践紧密结合的习惯，教师引导、同学交流、学习中的观察、动手操作和评价反思都是专业技术学习的重要环节。

本课程的学习内容主要以金杯海狮传动系为主线，学习过程中还可结合其丰田 COROLLA 传动系的内容。维修规范主要参考《丰田海狮金杯客车维修手册》《TOYOTA COROLLA 修理手册》及增补版，你要学会使用维修手册及依据维修手册进行规范操作。

学习资源可以参考人民交通出版社的《汽车底盘构造与维修》（第四版）（周林福）、中国劳动社会

保障出版社的《手动变速驱动桥》和人民交通出版社的《汽车传动系统维修》(樊永强、罗雷鸣)等资料，要经常阅览汽车维修网页，学习最新的汽车技术，拓展你的学习范围。

你在职业院校的核心任务是在学习中学会工作，这要通过在工作中学会学习来实现，学会工作是我对你的期待。同时，也希望把你的学习感受反馈给我们，以便我们能更好地为你服务。

预祝你学习取得成功，早日实现汽车维修技术能手之梦！

编　者
2019 年 8 月

目 录

学习任务 1 传动系统的维护 ······ 1
学习任务 2 万向传动装置的维修 ······ 14
学习任务 3 离合器操纵机构的检测与维修 ······ 33
学习任务 4 离合器总成的检测与维修 ······ 44
学习任务 5 手动变速器总成修理 ······ 58
学习任务 6 主减速器总成修理 ······ 89
学习任务 7 手动变速驱动桥换挡困难的故障诊断与排除 ······ 114
参考文献 ······ 132

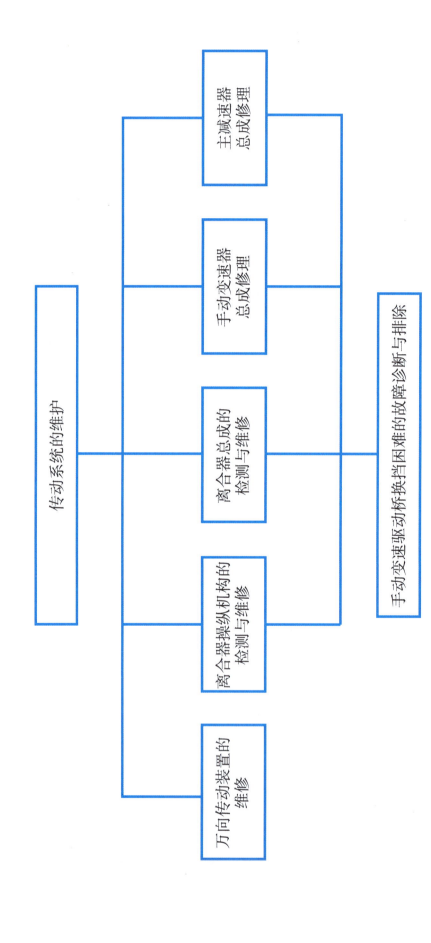

学习任务 1　传动系统的维护

学习目标

完成本学习任务后,你应当能:
1. 叙述汽车传动系统及各部件的作用;
2. 叙述汽车传动系统的布置类型;
3. 识别汽车传动系统的主要零部件;
4. 查询维修资料,获取所需要的紧固力矩;
5. 在教师指导下,对传动系统进行维护作业。

建议完成本学习任务为 6 学时

内容结构

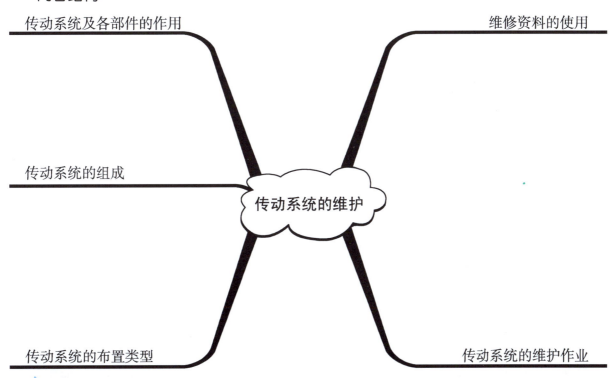

 学习任务描述

汽车传动系统的维护是汽车售后维修服务项目,按照专业要求对传动系统有关维护项目进行规范作业。

汽车传动系统是汽车动力传递的重要组成部分,其性能的好坏将影响到汽车能否正常运行,因此在进行汽车定期维护过程中,传动系统维护是常见维护项目。在进行传动系统维护时,应能明确区分出汽车的布置类型,并通过查阅相关的维修资料来确定相应的维护信息。

一、学习准备

1. 汽车传动系统是根据汽车行驶的需要将发动机的有效转矩传送给汽车驱动车轮的重要装置,其具有哪些作用?

汽车传动系统的首要任务是与发动机协同工作,保证汽车在不同使用条件下能正常行驶,且具有良好的动力性和燃油经济性,为此,传动系统应具备如下作用:

(1)减速增扭,如图1-1所示。
(2)变速。
(3)实现汽车倒驶。
(4)必要时中断动力传递。
(5)实现差速,如图1-2所示。

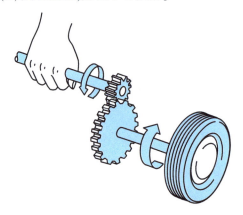
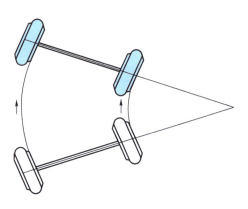

图1-1　减速增扭示意图　　　　　　　　图1-2　实现差速示意图

2. 汽车传动系统如何进行分类?它由哪些部件组成,如何实现动力传递?

1)传动系统的分类

按照能量传递方式的不同,可分为机械传动、液力机械传动、电传动三种类型(本书仅讲述机械式传动系统)。

(1)机械传动式:主要由部件1 ＿＿＿＿＿＿、2 ＿＿＿＿＿＿、3 ＿＿＿＿＿＿、4主减速器、差速器和半轴等组成,如图1-3所示。

(2)液力机械传动式:组合运用液力传动和机械传动。以液力机械变速器取代机械传动系统的摩擦式离合器和普通齿轮式变速器,其他组成部件及布置形式均与机械式传动系统相同,如图1-4所示。

(3)电传动式:电传动系统是由发动机驱动发电机发电,再由电动机对驱动桥进行驱动或由电动机直接对带有减速器的驱动轮进行驱动,如图1-5所示。

2)传动系统的组成

(1)根据图1-6,参考相关资料,将表1-1补充完整。

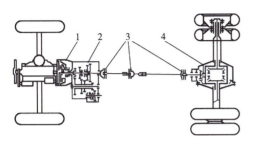

图1-3 机械式传动系统示意图

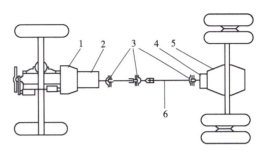

图1-4 典型液力机械传动系统示意图

1-液力变矩器;2-自动变速器;3-万向节;4-驱动桥;5-主减速器;6-传动轴

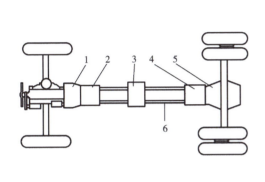

图1-5 电传动系统示意图

1-离合器;2-发电机;3-控制器;4-电动机;5-驱动桥;6-导线

图1-6 传动系统的组成

传动系统各总成的作用　　　　　　　　　　　　　　　　　表1-1

序　号	名　　称	作　　用
1	发动机	将化学能转化为热能,再将热能通过膨胀转化为机械能进而对外输出动力
2	离合器	
3	变速器	
4	主减速器	
5	防尘套	
6	半轴	
7	轮胎	

(2)根据图1-7,查阅相关资料,将表1-2补充完整。

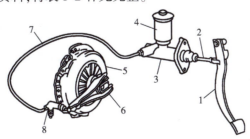

图1-7 液压式离合器液压操纵机构

液压式离合器液压操纵机构的名称　　　　　　　表 1-2

序　号	名　称	序　号	名　称
1		5	
2		6	
3		7	
4		8	

3）传动系统的动力传递

根据图 1-3 和图 1-6，查阅相关资料，分析发动机的动力是如何传递到车轮的。

（1）图 1-3 传递路线：

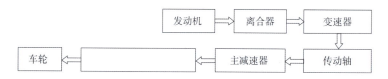

（2）图 1-6 传递路线：

 3. 汽车传动系统有哪几种布置形式？不同的布置形式有哪些优缺点？

汽车传动系统的布置方案主要与汽车驱动类型和发动机的安装位置有关。汽车的驱动类型通常用汽车车轮总数×驱动车轮数来表示，根据驱动车轮数的不同，汽车驱动可以分为 4×4、4×2 两种驱动类型。常见汽车传动系统主要有以下 4 种布置形式。

1）发动机前置前轮驱动（FF 型）

许多轿车上常采用发动机前置前轮驱动的布置形式，如图 1-8 所示。在前置前驱车辆中，根据发动机布置形式又可分为发动机横置前轮驱动和发动机纵置前轮驱动。图 1-8 所示为发动机_____（横置、纵置）前轮驱动。

2）发动机前置后轮驱动（FR 型）

图 1-9 所示为发动机前置后轮驱动，是将发动机、离合器和变速器连成一个整体安装在汽车前部，主减速器、差速器和半轴安装在汽车后桥，两者通过万向传动装置相连，是目前汽车广泛采用的一种传动布置形式。

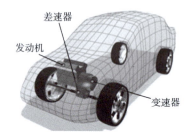

图 1-8　发动机前置前轮驱动示意图

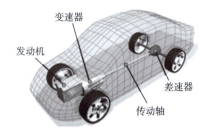

图 1-9　发动机前置后轮驱动示意图

3）发动机后置后轮驱动（RR 型）

某些大客车和微型小客车采用发动机后置后轮驱动类型，如图 1-10 所示。

4）四轮驱动(4WD)

为了提高汽车的通过性,许多越野汽车采用四轮驱动的布置形式,如图1-11所示,汽车的全部车轮都是驱动轮。

汽车传动系统的布置形式不同,其结构特点也有所不同,查询相关资料,试分析汽车传动系统的几种不同布置形式的优缺点,并填写在表1-3中。

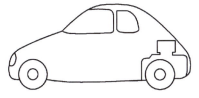

图1-10 发动机后置后轮驱动示意图

图1-11 四轮驱动示意图

不同布置形式车辆的优缺点　　　　　　　　　　　　　　　　表1-3

驱动类型	优　　点	缺　　点
发动机前置前轮驱动	发动机散热条件好,传动系统结构紧凑,传动效率高,整车质心降低,汽车高速行驶稳定性好,因此广泛运用在质心较低的轿车上	上坡时前轮附着力减小,容易打滑,下坡制动时前轮载荷过大,高速时容易发生翻车现象
发动机前置后轮驱动		
发动机后置后轮驱动		操纵机构复杂,发动机散热困难
四轮驱动		

4. 如何利用维修资料查询相关信息?

随着汽车技术的进步和汽车工业的快速发展,为满足不同的消费需求,世界各大汽车制造公司不断地推出新的车型,车型淘汰周期越来越短,汽车结构越来越复杂,性能不断得到改进,功能也越来越完善。作为汽车维修专业技术人员,面对不同生产年代的众多车型,如何快速、准确、有效地完成故障检测、分析、诊断和排除,除了依赖于检测仪器、仪表和维修工具以外,汽车维修技术资料已经成为不可缺少的帮手。因此,查询汽车维修资料是获得现代汽车维修方法的重要手段。

1）汽车维修资料的分类

按照维修技术资料不同媒体进行划分,有以下几类:

(1)原厂维修手册。

(2)公开出版的书籍。

(3)专业报纸、杂志。

(4)汽车维修数据库。

维修手册:指汽车制造商向其特约维修站提供针对具体车型的技术资料。

2)汽车维修资料的查询

(1)认识维修手册,在教师的指导下查阅维修手册总目录,总目录分为哪几个章节?每个章节可分为哪些子系统?

(2)根据所收集的卡罗拉维修手册,查询卡罗拉手动变速器C50相关拧紧力矩并完成表1-4。

手动变速器C50的拧紧力矩　　　　　　　　　　　　　　　表1-4

螺 栓 名 称	规　　　格
变速器放油螺塞	
变速器壳体螺栓	
离合器储液罐装配螺栓	
变速器倒车灯开关	

(3)叙述如何快速查找维修手册。

二、计划与实施

(1)工具、材料和设备:干净的抹布、常用工具、举升机、钢尺、维修手册。

(2)保护性衣物。标准作业着装。

(3)汽车相关信息。

车辆型号(VIN码):_____;号牌:_____;

车型及行驶里程:_____;维修接待意见:_____。

 5. 正确维护汽车传动系统,可以提高汽车的使用安全性和可靠性,按照下列计划进行汽车传动系统的维修作业。

1)维护作业的准备及预检

(1)检查举升机。　　　　　　　　　　　　　　　　　　　□任务完成

(2)车辆开进工位。　　　　　　　　　　　　　　　　　　□任务完成

(3)放置各种护套。

①放置座椅套。　　　　　　　　　　　　　　　　　　　　□任务完成

②放置脚踏垫。　　　　　　　　　　　　　　　　　　　　□任务完成

③放置转向盘护套。　　　　　　　　　　　　　　　　　　□任务完成

④拉起发动机舱盖释放杆。　　　　　　　　　　　　　　　□任务完成

(4)打开发动机舱盖。

①放置翼子板护罩。　　　　　　　　　　　　　　　　　　□任务完成

②放置车轮挡块阻挡车轮。　　　　　　　　　　　　　　　□任务完成

(5)发动机舱预检查。

①检查冷却液液面位置。　　　　　　　　　　　　□正常　　□不正常

②检查机油液面位置。　　　　　　　　　　　　　□ 正常　　　　□ 不正常
③检查制动液液面位置。　　　　　　　　　　　　□ 正常　　　　□ 不正常
④检查玻璃清洁液液面位置。　　　　　　　　　　□ 正常　　　　□ 不正常
检查结论：

2）离合器的检查（图1-12）

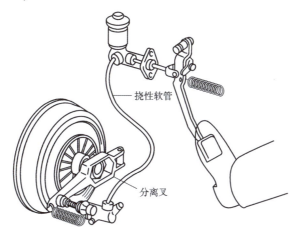

图1-12　离合器的检查

（1）检查离合器主缸、工作缸、挠性软管是否泄漏。　　□ 是　　　　□ 否
（2）检查离合器油量是否正常。　　　　　　　　　　　　□ 是　　　　□ 否
（3）踩下离合器踏板，是否存在：
①异响。　　　　　　　　　　　　　　　　　　　　　　□ 是　　　　□ 否
②过度松动。　　　　　　　　　　　　　　　　　　　　□ 是　　　　□ 否
③感觉踏板过于沉重。　　　　　　　　　　　　　　　　□ 是　　　　□ 否
④回弹无力。　　　　　　　　　　　　　　　　　　　　□ 是　　　　□ 否
（4）离合器踏板自由行程的检查。
用手指压离合器踏板，并使用钢直尺测量离合器踏板的自由行程，如图1-13所示。

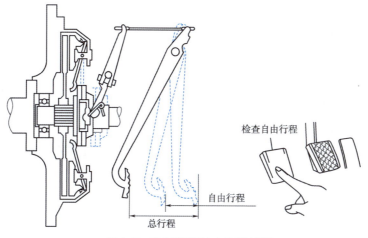

图1-13　离合器踏板自由行程的测量

①测量值为：_____ mm。
②查询维修手册，标准自由行程为：_____ mm。
③离合器踏板自由行程是否正常？　　　　　　　　　　□ 是　　　　□ 否
检查结论：

小词典

离合器踏板自由行程：离合器在接合状态时，在分离轴承和分离杠杆内端之间留有一定的间隙，为了消除这一间隙所需要的离合器踏板行程。

3）手动变速器的检查与油液更换
（1）用举升机将汽车举到适当高度并锁止。　　　　　　□ 任务完成

小提示

在汽车的举升过程中，举升机锁止前禁止进入车底进行作业，锁止后方能进入车底作业。

（2）检查手动变速器油是否泄漏。
①检查壳接触面是否漏油。　　　　　　　　　　　　　□ 是　　　　□ 否
②检查轴和拉索伸出的区域是否漏油。　　　　　　　　□ 是　　　　□ 否
③检查油封是否漏油。　　　　　　　　　　　　　　　□ 是　　　　□ 否
④检查放油螺塞和加油螺塞是否漏油，如图1-14所示。　□ 是　　　　□ 否

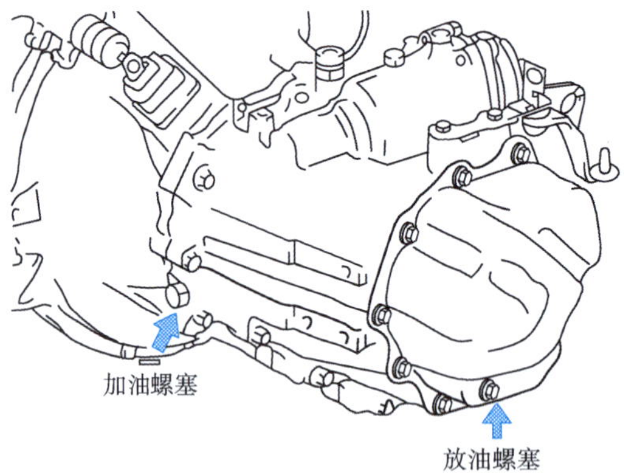

图1-14　手动变速器油加油螺塞和放油螺塞

（3）手动变速器油的检查。从传动桥上拆卸加油螺塞，将手指插入塞孔，其油面应该与加注口平齐或略低，如图1-15所示。
①检查油量是否正常。　　　　　　　　　　　　　　　□ 正常　　　□ 不正常
②检查油质是否正常。　　　　　　　　　　　　　　　□ 正常　　　□ 不正常
检查结论：

（4）变速器油液的更换。

①汽车停置在水平地面上，如果是冷车，应起动汽车使变速器油温达到一定温度，为什么？

②如图1-14所示，找到变速器壳体底部的放油螺塞和加油螺塞的位置；在其下方放置一个集油盘，如图1-16所示，拆下放油螺塞，排放手动变速器油。

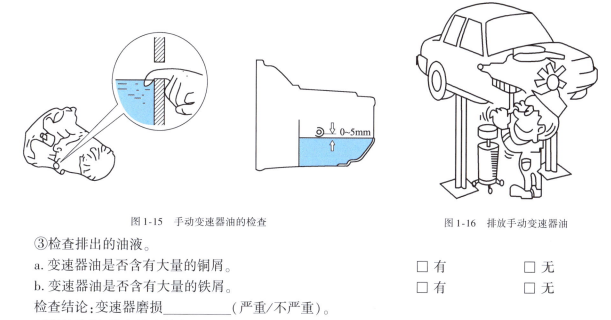

图1-15　手动变速器油的检查　　　　　　　　图1-16　排放手动变速器油

③检查排出的油液。

a. 变速器油是否含有大量的铜屑。　　　　　　□有　　　　□无
b. 变速器油是否含有大量的铁屑。　　　　　　□有　　　　□无

检查结论：变速器磨损_____（严重/不严重）。

判断的依据：检查排出的变速器油是否含有金属颗粒或杂质，如果有金色颗粒（铜屑），则表明同步器锁环已出现磨损，将磁铁放置于油液中，如果有很多铁屑吸附在磁铁表面，则说明变速器齿轮磨损严重。

④拧紧放油螺塞，拆下加油螺塞，加注变速器油液。

⑤更换新的垫圈并安装加油螺塞。

4）驱动轴防尘套的检查

（1）检查左驱动轴防尘套及卡箍是否有裂纹和其他损坏。

①检查外侧是否有裂纹。　　　　　　　　　　□有　　　　□无
②检查内侧是否有裂纹。　　　　　　　　　　□有　　　　□无
③检查外侧润滑脂是否渗漏。　　　　　　　　□是　　　　□否
④检查内侧润滑脂是否渗漏。　　　　　　　　□是　　　　□否

（2）检查右驱动轴防尘套及卡箍是否有裂纹和其他损坏。

①检查外侧是否有裂纹。　　　　　　　　　　□有　　　　□无
②检查内侧是否有裂纹。　　　　　　　　　　□有　　　　□无
③检查外侧润滑脂是否渗漏。　　　　　　　　□是　　　　□否
④检查内侧润滑脂是否渗漏。　　　　　　　　□是　　　　□否

 小提示

如图1-17所示，在进行驱动轴防尘套检查时，必须用手转动轮胎，以便检查整个防尘套外表。

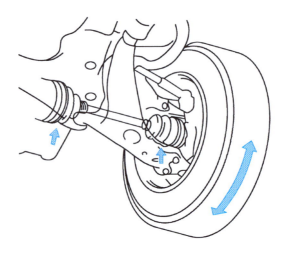

图1-17 防尘套的检查

检查结论：

根据以上检查结果，将表1-5填写完整。

传动系统维护故障诊断表　　　　　　　　　　　　　　表1-5

故障部位	故障原因	维修建议
离合器		
手动变速器		
传动轴		
防尘套		

5）车辆复位与清洁
(1) 解除举升机保险，降下车辆。　　　　　　　　　　　　　　　　　□ 任务完成
(2) 完成前再次检查：
①拆卸左右护套。　　　　　　　　　　　　　　　　　　　　　　　　□ 任务完成
②检查制动液壶盖、动力转向油壶盖、副散热器盖、加机油口盖等是否拧紧。□ 任务完成
③工位清洁。　　　　　　　　　　　　　　　　　　　　　　　　　　□ 任务完成

三、评价反馈

1. 使用（维修）案例分析

传动系统为什么必须具备减速增扭的作用？

（1）东风EQ1090E的满载质量为9290kg（总重量为91135N），汽车轮胎半径为0.48m，根据实验可知：即使汽车在平直的沥青路面以低速行驶时，也要克服约为汽车总重量的1.5%的滚动阻力，发动机在转速为1200~1400r/min时产生的最大转矩为353N·m，假设将该转矩直接传给驱动轮，请计算该车辆在平直沥青路面上的最大牵引力、滚动阻力分别是多少N（风阻系数忽略不计）？判定该车辆在平直沥青路面上能否正常起步？

解：设最大牵引力为F，轮胎半径为R，最大转矩为T，行驶阻力为F_f，总重力为G，由"假设将该转矩直接传给驱动轮"可知:驱动轮的最大转矩为353N·m。

由公式 $F \times R = T$ 可得:

$F = T/R = 353\text{N}\cdot\text{m}/0.48\text{m} = \underline{\qquad}$ N

由"即使汽车在平直的沥青路面以低速行驶时,也要克服约为汽车总重量的1.5%的滚动阻力"可知:

$F_f = G \times 1.5\% = \underline{\qquad} \times 1.5\% = \underline{\qquad}$ N

该车辆_____(能/不能)正常起步。

(2)某发动机6100Q—1在产生最大功率99.3kW时的曲轴转速为3000r/min,汽车轮胎半径为0.48m,假设将该曲轴转速直接传递到汽车车轮上,汽车的速度应为多少? 车辆能否正常起步?

解:由题设可知,汽车速度为v,轮胎半径为R,车轮周长为L。

由"假设将该曲轴转速直接传递到汽车车轮上"可知:车轮转速等于曲轴转速。

则:车轮转速 3000r/min = 3000×60r/h

车轮周长 $L = \pi \times 2 \times R/1000 = \underline{\qquad}$ km

车速为:$v = L \times 3000 \times 60\text{r/h} = 543\text{km/h}$

该车辆_____(能/不能)正常起步。

根据以上计算,阐明汽车发动机在一定范围内已经能够改变输出转速和转矩,为什么还需要传动系统要有减速增扭的作用?

2. 学习自测题

(1)汽车传动系统的作用有哪些?(　　)(多选)

    A. 减速增矩　　　　　　　　　　B. 实现汽车倒驶

    C. 差速　　　　　　　　　　　　D. 实现动力传递

(2)下列哪个部件不属于传动系统?(　　)

    A. 手动变速器　　B. 差速器　　　C. 转向器　　　D. 离合器

(3)汽车传动系统属于(　　)。

    A. 发动机　　　　B. 底盘　　　　C. 车身　　　　D. 电气

(4)离合器从动盘安装在(　　)上。

    A. 发动机曲轴　　　　　　　　　　B. 变速器输入轴

    C. 变速器输出轴　　　　　　　　　D. 变速器中间轴

(5)下列属于越野汽车特有装置的是(　　)。

    A. 分动器　　　　B. 变速器　　　C. 传动轴　　　D. 差速器

3. 维修信息获取练习

查找维修手册,将实训用的手动变速器油液的更换周期、油液的加注类型及加注量记录下来。

变速器型号:_____;

变速器油液更换周期:_____;

变速器油液的加注类型:_____;

变速器油液的加注量:_____。

4. 学习目标达成度的自我检查(表1-6)

自我检查表　　　　　　　　　　　　　　　　　　　　　　　表1-6

序号	学习目标	达成情况(在相应的选项后打"√")		
		能	不能	如果不能,是什么原因
1	叙述汽车传动系统及各部件的作用			
2	叙述汽车传动系统的布置类型			
3	识别汽车传动系统的主要零部件			
4	查询维修资料,获取所需要的拧紧力矩			
5	在教师指导下,对传动系统进行维护作业			

5. 日常表现性评价(由小组长或者组内成员评价)

(1)工作页填写情况。(　　)

　　A.填写完整　　　　B.缺失0~20%　　　　C.缺失20%~40%　　　　D.缺失40%以上

(2)工作着装是否规范?(　　)

　　A.穿着校服(工作服),佩戴胸卡　　　　B.校服或胸卡缺失一项

　　C.偶尔会既不穿校服又不戴胸卡　　　　D.始终未穿校服、佩戴胸卡

(3)能否主动参与工作现场的清洁、整理工作?(　　)

　　A.积极主动参与5S工作

　　B.在组长的要求下能参与5S工作

　　C.在组长的要求下能参与5S工作,但效果差

　　D.不愿意参与5S工作

(4)升降汽车或起动发动机时,有无进行安全检查并警示其他同学?(　　)

　　A.有安全检查和警示　　　　B.有安全检查,无警示

　　C.无安全检查,有警示　　　　D.无安全检查,无警示

(5)是否参与实训?(　　)

　　A.带头参与实训,引领小组实训　　　　B.积极配合组内实训

　　C.教师的要求下参与实训　　　　D.不愿意实训

(6)总体印象评价。(　　)

　　A.非常优秀　　　　B.比较优秀　　　　C.有待改进　　　　D.急需改进

(7)其他建议:

小组长签名:_____　　　　　　　　　　　____年____月____日

6. 教师总体评价

(1)对该同学所在小组整体印象评价。(　　)

　　A.组长负责,组内学习气氛好

　　B.组长能组织组员按要求完成学习任务,个别组员不能达成学习目标

　　C.组内有30%以上的学员不能达成学习目标

　　D.组内大部分学员不能达成学习目标

学习任务1 传动系统的维护

(2)对该同学整体印象评价：
_____
_____
_____。

教师签名：_____　　　　　_____年_____月_____日

学习任务 2　万向传动装置的维修

学习目标

完成本学习任务后,你应当能:
1. 叙述万向传动装置的作用和种类;
2. 识别汽车传动轴,完成万向传动装置的基本检查;
3. 在教师指导下,完成前轮驱动轴防尘套的更换;
4. 根据给定的工作计划,规范分解、检查和安装普通十字轴式万向节;
5. 运用所学知识分析万向传动装置的典型故障。

建议完成本学习任务为 12 学时

内容结构

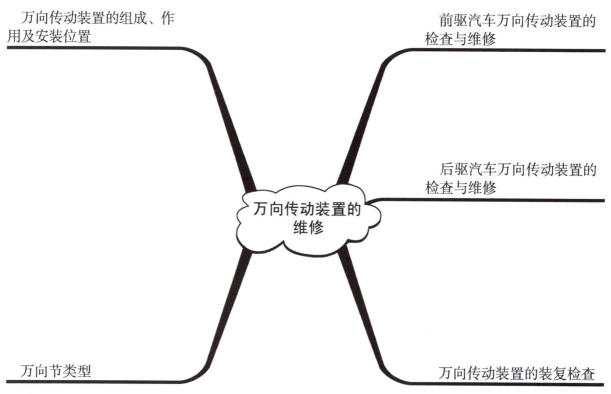

 学习任务描述

某汽车因底盘异响进厂维修,估计是传动轴总成出现故障,需要对车辆传动轴总成进行检查,确定故障部位并维修或更换。

由于汽车万向传动装置暴露在底盘外部,且常处于高速旋转的工作条件下,万向节和万向节护套容易损坏,导致汽车产生异常噪声,影响相关系统的性能,所以需要对汽车万向传动装置进行定期检查。

一、学习准备

1. 万向传动装置的作用是什么,由哪些部分组成?它通常安装在哪些地方?

1)万向传动装置的作用

(1)万向传动装置作用:用来实现变角度的_____传递,并保证在连接两处之间的夹角和距离经常变化的情况下,仍能可靠地传递动力。

(2)万向传动装置的组成:一般由_____和_____组成,有时还要有中间支撑。

(3)用彩笔在图2-1中标示出万向传动装置。

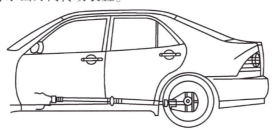

图2-1 万向传动装置

2)万向传动装置的安装位置

根据图2-2,查阅相关资料,补充相关信息。

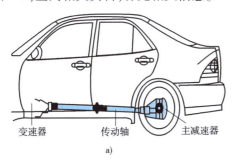
a)

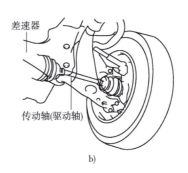
b)

c)

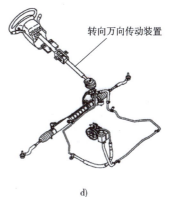
d)

图2-2 万向传动装置安装位置示意图

(1)在图2-2a)中,万向传动装置安装在_____与_____之间。

（2）在图2-2b)中,万向传动装置安装在_____与_____之间。

（3）在图2-2c)中,万向传动装置安装在变速器与分动器,_____与_____之间。

（4）在图2-2d)中,万向传动装置安装在_____与_____之间。

（5）图2-2a)、b)、c)、d)所示部位为什么需要使用万向传动装置?

2. 作为汽车驱动系统的万向传动装置的关节部位,万向节有哪些类型?

万向节即万向接头,是实现变角度动力传递的零件,是汽车驱动系统的万向传动装置的"关节"部件。按万向节在扭转方向上是否有明显的弹性可分为刚性万向节和挠性万向节。刚性万向节又可分为不等速万向节(常用的为十字轴式)、准等速万向节(双联式、三销式等)和等速万向节(球笼式、球叉式等)三种。

（1）十字轴式万向节,如图2-3所示。

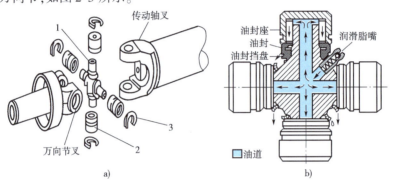

图2-3 十字轴式万向节

十字轴式万向节结构简单,工作可靠,且允许所连接的两轴之间有较大夹角,因此在早期汽车上应用最为普遍。

根据图2-3,对照实物,查询相关资料,完成表2-1。

表2-1 十字轴式万向节的零部件名称

序号	名称	序号	名称
1		3	
2			

小词典

十字轴万向节的不等速性:从动轴在一周中角速度不均匀,若主动轴以等角速度转动,则从动轴时快时慢,即单个十字轴万向节在有夹角时传动的不等速性。

小提示

十字轴式万向节实现两轴间(变速器的输出轴和驱动桥的输入轴)的等速传动的条件:
①第一个万向节两轴间的夹角与第二个万向节两轴间夹角相等(设计保证)。
②第一个万向节的从动叉与第二个万向节的主动叉处于同一平面(装配保证)。

（2）双联式万向节,如图 2-4 所示。

（3）球笼式万向节,如图 2-5 所示。

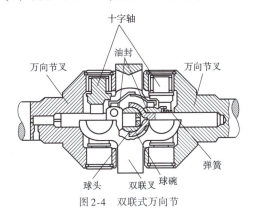

图 2-4 双联式万向节

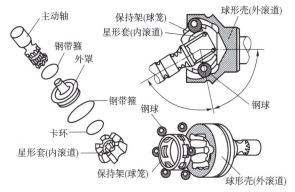

图 2-5 球笼式万向节

球笼式万向节有两种形式:固定式和三球销式。

图 2-2 中的万向节各应用的是何种类型?

图 2-2 a) 应用的是＿＿＿＿＿＿＿万向节；

图 2-2 b) 应用的是＿＿＿＿＿＿＿万向节；

图 2-2 c) 应用的是＿＿＿＿＿＿＿万向节；

图 2-2 d) 应用的是＿＿＿＿＿＿＿万向节。

 3. 如何区分后轮驱动汽车与前轮驱动汽车的传动轴?

（1）观察图 2-6a) 与 b),区分各属于哪种驱动类型的车辆。

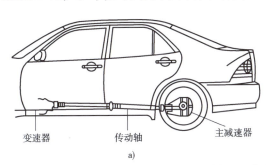

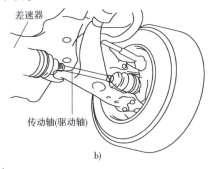

图 2-6 传动轴

①图 2-6a) 属于＿＿＿＿＿＿＿驱动车辆,其传动轴装在＿＿＿＿＿＿＿与＿＿＿＿＿＿＿之间。

②图 2-6b) 属于＿＿＿＿＿＿＿驱动车辆,其传动轴装在＿＿＿＿＿＿＿与＿＿＿＿＿＿＿之间。

（2）通过观察图 2-7 与图 2-8,回答以下问题。

图 2-7 传动轴一

图 2-8 传动轴二

在图2-7与图2-8中,哪个传动轴应用于后轮驱动车辆？哪个传动轴应用于前轮驱动车辆？

二、计划与实施

(1)材料、工具和设备:干净的抹布、常用工具、维修手册、举升机、实训车辆(后轮驱动、前轮驱动)。
(2)保护性衣物。标准作业着装。
(3)汽车相关信息。
车辆型号(VIN码):_____;号牌:_____;
车型及行驶里程:_____;维修接待意见:_____。

4. 当由于传动轴和万向节出现问题而导致后轮驱动汽车异响时,应该对其进行哪些基本检查？

传动轴的基本检查如下。
1)传动轴的外观检查
传动轴外观检查,如图2-9所示。

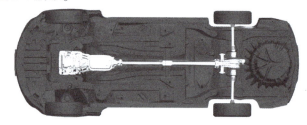

图2-9 传动轴外观检查

(1)检查传动轴轴管是否有大的凹槽或损坏。　　□是　　□否
(2)检查传动轴套管上是否有平衡块。　　□是　　□否
(3)平衡块是否有松脱或丢失。　　□是　　□否
①传动轴套管上的平衡块有什么作用？

②当传动轴套管平衡块丢失时,汽车容易发生哪些故障？

(4)检查传动轴的滑动花键是否有过度松动。　　□是　　□否
①当传动轴的滑动花键间隙过大时,汽车容易发生哪些故障？

②导致传动轴滑动花键间隙过大的原因有哪些？

2)传动轴圆跳动的检查
(1)将变速器挂入空挡,松开驻车制动。
(2)清洁传动轴需测量部位的灰尘和铁锈。

（3）使用百分表测量传动轴的圆跳动量,如图2-10所示。

图2-10 传动轴径向圆跳动量的检查

将测量数据填写在表2-2处。

传动轴圆跳动量测量记录表　　　　　　　　　　　　表2-2

传动轴检查项目	测量数值(mm)			标准数值(mm)
圆跳动量				

 小提示

测量径向圆跳动量时,应选取三个测量部位:传动轴两端、传动轴中间。

①当传动轴圆跳动量过大时,汽车容易发生哪些故障?

②导致传动轴圆跳动量过大的原因有哪些?

3）十字轴承的检查

十字轴承的检查,如图2-11所示。

（1）用百分表检查十字轴承与轴颈轴向间隙。

（2）用百分表检查十字轴承与轴颈径向间隙。

将测量数据填写在表2-3处。

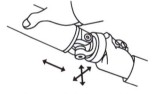

图2-11 十字轴承的检查

十字轴承与轴颈间隙的测量数据　　　　　　　　　　表2-3

十字轴承的测量项目	测量数值(mm)	标准数值(mm)	维 修 建 议
轴向间隙		<0.05	
径向间隙		<0.05	

 小提示

如果十字轴承的轴向、径向间隙超过标准值,则应更换十字轴万向节。

①当万向节间隙过大时,汽车易发生哪些故障?

②导致万向节间隙过大的原因有哪些?

4)中间支撑轴承的检查

用手向中间轴承施加压力并转动,检查中间支撑轴承组件是否磨损或损坏,如图2-12所示。

□是　　　　□否

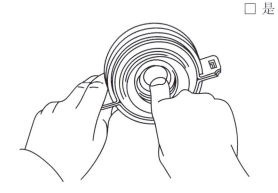

图2-12　中间支撑轴承的检查

小提示

如果有异响或发卡现象,说明中间支撑轴承磨损或损坏。

学习拓展

(1)中间支撑轴承的作用:补偿传动轴轴向变化、传动轴角度方向的安装误差、汽车行驶过程中因发动机窜动或车架变形等引起的位移。

(2)中间支撑轴承的安装位置:通常装在车架横梁上。

(3)中间支撑轴承的应用:单节式传动轴没有中间支撑轴承,双节式或三节式传动轴才装有中间支撑轴承。

试列举1种以上安装有中间支撑轴承的汽车:
① _____。
② _____。
③ _____。

5.一旦万向节出现问题,需要对其进行更换,如何规范地进行十字轴式万向节的更换?

1)拆卸传动轴

(1)在各连接凸缘及装配螺栓上做装配记号。

学习思考

在拆卸传动轴前,为什么要在连接凸缘及装配螺栓上做装配记号?

(2)将传动轴凸缘从差速器的结合凸缘上脱开,如图2-13所示。

图2-13 传动轴的拆卸

2)拆卸十字轴承
(1)使用锤子和专用铁棒将轴承的外座圈轻轻敲进去。

 小提示

十字轴承的定位卡簧有内卡式和外卡式两种。

(2)用专用卡簧钳取出4个弹簧卡环,如图2-14所示。

学习思考

观察实物中传动轴的十字轴承卡簧是属于图2-15中的哪种类型?

a)内卡环　　　　b)外卡环

图2-14 弹簧卡簧的拆卸　　图2-15 十字轴承卡簧

3)安装十字轴万向节
(1)根据十字轴轴承型号选择合适的十字轴承。
(2)在新的十字轴和轴承上涂敷MP润滑脂,如图2-16所示。
(3)将新的十字轴装入万向节叉内。
(4)使用专用工具将新的轴承装到十字轴上。
(5)安装两个厚度相等的弹簧卡环。
(6)使用锤子轻轻敲击万向节叉,直到轴承外圈和卡环之间没有间隙为止,如图2-17所示。

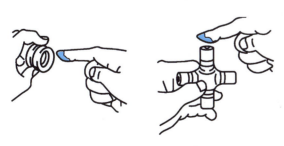 

图2-16 涂敷MP润滑脂　　图2-17 万向节的安装

4)传动轴装复后检查

(1)将传动轴装复到车辆。

(2)起动发动机并将变速器挂入各挡位进行路试,检查车辆传动轴是否发出异响,如图2-18所示。

□ 是　　　□ 否

图2-18　传动轴路试

(3)清洁、恢复车辆。

5)传动轴的日常维护

车辆传动轴应定期维护,定期更换加注润滑脂,加注润滑脂时以十字轴总成油封、传动轴总成护套处溢出洁净的润滑脂(完全排出污油)为注油完成,如图2-19a)、b)所示。

a)溢出洁净的润滑脂

b)电动黄油枪

图2-19　定期维修

6. 对前轮驱动汽车,当驱动轴防尘套出现故障时,易导致驱动轴万向节过早损坏,因此需对驱动轴防尘套进行检查与更换(以丰田花冠为例)。

(1)检查驱动轴内、外防尘套是否有老化、破裂及漏油现象,如图2-20所示。

□有老化　　□有破裂　　□有漏油　　□良好

(2)驱动轴防尘套的更换。

①排放变速驱动桥油,如图2-21所示。

学习思考

拆卸驱动轴前,为什么要排放变速器油?其他品牌车辆是否一样?

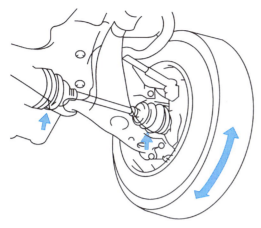

图 2-20 驱动轴护套的检查

图 2-21 排放变速器油

 小提示

拆卸排放螺塞之前先松开加注螺塞,热车时,进行排放油操作时要注意安全,避免被过热的油烫伤。

②拆下前轮胎。
③拆下左前桥轮毂螺母,如图 2-22 所示。
④松开锁止螺母,如图 2-23 所示。

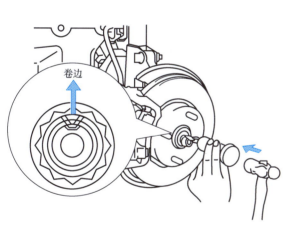

图 2-22 拆下左前桥轮毂螺母

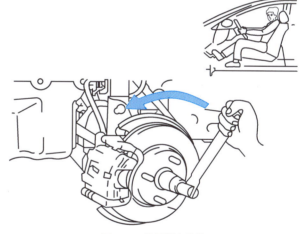

图 2-23 松开锁止螺母

 小提示

松开锁止螺母的工作需要由两人合作完成,一人踩制动踏板使驱动轴无法转动,另一人松开锁止螺母。

拆卸出来的锁止螺母能否继续使用？阐明原因。

⑤分离前轮速度传感器,如图 2-24 所示。
拆下螺栓,从转向节上分离速度传感器。

小提示

拆卸时,不要损坏速度传感器及其配线。

⑥分离横杆左端头分总成,如图2-25所示。

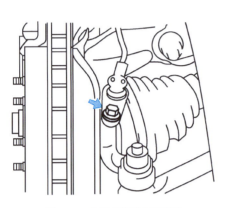

图2-24 分离前轮速度传感器

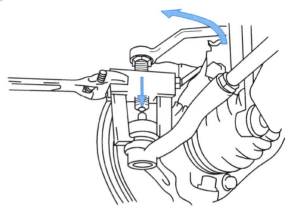

图2-25 分离横杆球头

 小提示

分离横拉杆球头时,操作者应规范使用专用工具。

⑦分离前悬架左下臂分总成,如图2-26所示。
⑧驱动轴与轮毂分离,如图2-27所示。

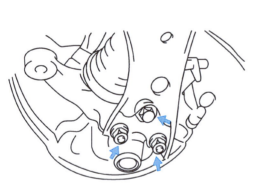

图2-26 分离前悬架左下臂分总成

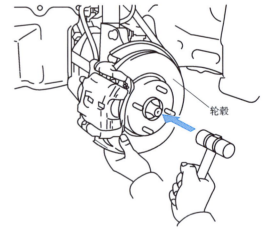

图2-27 驱动轴与轮毂分离

 小提示

把轮毂轻轻朝车外拉动,用塑料锤子敲击驱动轴顶部,然后将其分离。轮毂与驱动轴分离时,切勿损坏ABS转速传感器、传感器转子及驱动轴螺纹。

⑨使用SST(差速器半轴齿轮轴拉具),拉出驱动轴,如图2-28所示。

在图2-28中,用专用工具拉出驱动轴时,为什么需要由一人来支撑驱动轴?

 小提示

拆卸时,SST应勾住驱动轴凹槽,否则会对驱动轴的护套造成损坏。

⑩拆下半轴内万向节防尘套2号卡箍,如图2-29所示。

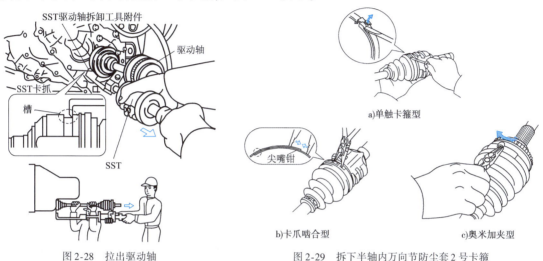

图2-28 拉出驱动轴

图2-29 拆下半轴内万向节防尘套2号卡箍

 小提示

万向节护套有三种防尘套卡箍,根据拆卸的实际防尘套卡箍,使用恰当的方法取下防尘套卡箍。
①用螺丝刀拆下单触卡箍型2号卡箍,如图2-29a)所示。
②用尖嘴钳拆下卡爪啮合型2号卡箍,如图2-29b)所示。
③用尖嘴钳夹紧并撬起夹钳以取下夹子,如图2-29c)所示。

⑪拆下半轴内万向节防尘套1号卡箍,如图2-30所示。
⑫分离内万向节防尘套。
⑬拆下内万向节总成。
a. 从内万向节上刮下旧润滑脂。
b. 在内万向节和轴上做好装配记号,如图2-31所示。

图2-30 拆下半轴内万向节防尘套1号卡箍

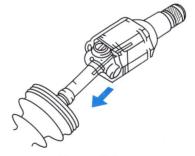

图2-31 做装配记号

c. 从外万向节轴上拆下万向节总成。
d. 使用卡环扩张器拆下卡环,如图 2-32 所示。
e. 在外万向节轴与三销式万向节总成做好记号,用锤子和铜棒拆下三销式万向节,如图 2-33 所示。

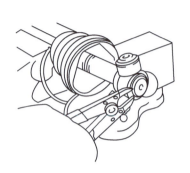

图 2-32 拆下卡环

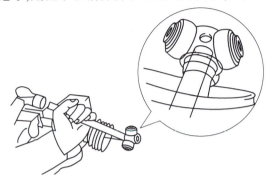

图 2-33 拆下三销式万向节

小提示

拆卸时铜棒不能敲击到轴承。

⑭拆下半轴减振器,如图 2-34 所示。
⑮拆下外万向节防尘套 2 号卡箍,如图 2-35 所示。

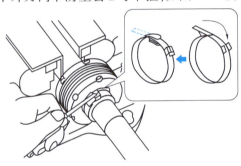

图 2-34 拆下半轴减振器

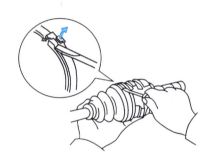

图 2-35 拆下外万向节防尘套 2 号卡箍

⑯拆下外万向节防尘套 1 号卡箍,如图 2-36 所示。
⑰从外万向节轴上拆下防尘套,并刮下万向节上的润滑脂。

(3)安装新的外万向节防尘套。

①用尼龙胶带缠绕万向节轴的花键以防止损坏安装的防尘套,如图 2-37 所示。

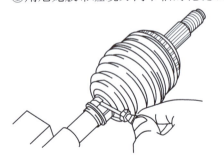

图 2-36 拆下外万向节防尘套 1 号卡箍

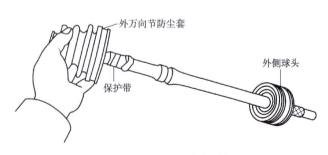

图 2-37 用尼龙胶带缠花键

②按下列顺序安装新零件到内万向节总成上。
a. 安装外万向节防尘套2号卡箍。
b. 安装外万向节防尘套。
c. 安装外万向节防尘套1号卡箍。
③查找资料,用润滑脂涂抹外万向节总成,如图2-38所示,将润滑脂量填在表2-4中。

图2-38 涂抹外万向节润滑脂

润滑脂量数据　　　　　　　　　　　　　　　　　　　表2-4

左前半轴,右前半轴	润滑脂量
B型	
C型	

> 小提示
>
> 涂抹润滑脂时,注意防尘套与球笼、轴的接触表面不能沾有油脂,否则密封不严。

④使用SST安装外万向节防尘套左2号卡箍,如图2-39所示。
⑤使用SST调整大卡箍间隙,如图2-40所示。

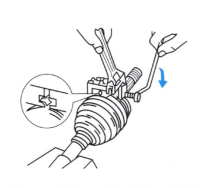

图2-39 安装外万向节防尘套左2号卡箍

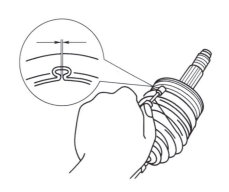

图2-40 调整大卡箍间隙

标准间隙值:_____。
⑥使用SST安装外万向节防尘套左1号卡箍,如图2-41所示。
⑦使用SST调整小卡箍间隙,如图2-42所示。

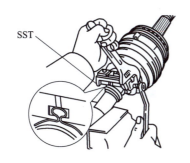

图2-41 安装外万向节防尘套左1号卡箍

图2-42 调整小卡箍间隙

小提示

在防尘套换完后,驱动轴总成安装到车上前,应检查差速器油封是否有损坏,若损坏,应更换新的油封。

更换差速器油封

(1)使用 SST 拉出右侧驱动桥壳油封,如图 2-43 所示。

(2)使用 SST 拉出左侧驱动桥壳油封,如图 2-44 所示。

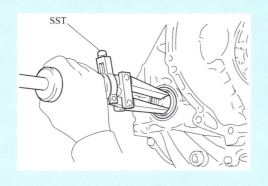

图 2-43 拉出右侧油封　　　　　　　图 2-44 拉出左侧油封

(3)使用 SST 和锤子安装右侧新的油封,如图 2-45 所示。

(4)使用 SST 和锤子安装左侧新的油封,如图 2-46 所示。

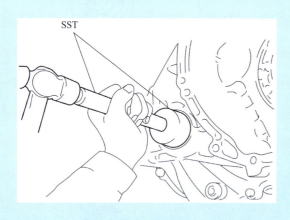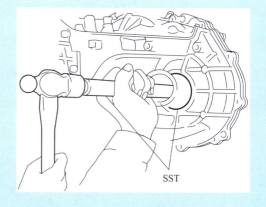

图 2-45 安装右侧油封　　　　　　　图 2-46 安装左侧油封

 小提示

油封安装完后应在油封唇部涂抹 MP 润滑脂。

(4)安装驱动轴到车上,如图 2-47 所示。

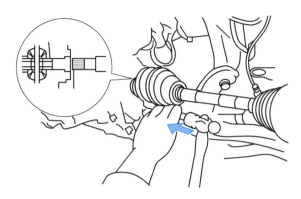

图 2-47 安装驱动轴

小提示

安装驱动轴时应将变速器油涂抹到内侧球节的花键齿上,并将驱动轴卡环的开口朝下。

(5)按标准量加注变速器油,如图 2-48 所示。

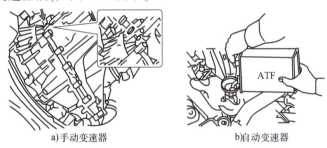

a)手动变速器　　　　　　b)自动变速器

图 2-48 加注变速器油

(6)驱动轴装复后检查。

①路试,车辆进行路面行驶,聆听车辆驱动轴是否发出异响,如图 2-49 所示。

□ 是　　　　□ 否

②完成路试后,举升车辆至合适高度,如图 2-50 所示,检查驱动轴防尘套、差速器油封是否有漏油现象。

□ 有　　　　□ 无

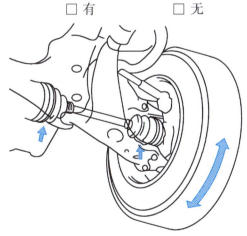

图 2-49 驱动轴装复后检查　　　　图 2-50 驱动轴防尘套检查

③通过测试确定车辆性能正常后,清洁并恢复车辆。

三、评价反馈

1. 使用(维修)案例分析

(1)案例一。

故障现象:

一车主诉说其车辆在起步、变速过程中放松离合器踏板时,传动轴出现明显、清脆的金属敲击声。汽车以高速挡低速行驶时,其响声连续且有节奏。故障诊断结果为:传动轴异响。

请你利用所学的知识,分析该案例中传动轴产生异响的原因有哪些?

(2)案例二。

故障现象:

一辆行驶了65400km的卡罗拉轿车,在车辆行驶时,左前轮处有"喀吧、喀吧"声,类似金属挤压声,转向时异响更加严重。

故障诊断与排除:

用举升器将车辆升起,经检查后发现右传动轴外等速万向节防尘套破裂,其内部润滑脂溢出。将右传动轴拆下,拆下防尘套,发现外等速万向节珠架滚道内有许多泥沙。通过用汽油清洗干净后,发现万向节珠架有两处裂纹,滚道有划痕和麻点,已无法使用。更换新外等速万向节和防尘套,故障即排除。根据要求卡罗拉轿车应定期进行检查、维护,一旦发现球笼防尘套损坏应及时更换,以免造成球笼损坏。

2. 学习自测题

(1)下列万向节中属于等速万向节的是(　　)。
　　A. 十字轴式万向节　　B. 球笼式万向节　　C. 三销式万向节　　D. 球叉式万向节

(2)下列万向节中属于不等速万向节的是(　　)。
　　A. 十字轴式万向节　　B. 球笼式万向节　　C. 三销式万向节　　D. 球叉式万向节

(3)下列关于驱动轴防尘套的检查方法,叙述正确的是(　　)。
　　A. 车辆停在路面时,驱动轴部位的路面上没有油说明防尘套没损坏
　　B. 车辆停在路面时,用工作灯查看防尘套是否有损坏
　　C. 举升车辆,将车轮向左(或向右)摆动到一侧,转动车轮并使用工作灯检查防尘套是否有损坏
　　D. 举升车辆,不用转动车轮,用工作灯查看防尘套是否有损坏

(4)下列关于三销式万向节轴承的拆卸方法,叙述错误的是(　　)。
　　A. 拆前在万向节轴与万向节总成上做好装配记号　　B. 拆前在万向节轴与轴承上做好装配记号
　　C. 使用铁锤与铜棒拆卸万向节轴承　　D. 使用铁锤与铁棒拆卸万向节轴承

(5)下列关于驱动轴防尘套的更换,叙述正确的是(　　)。
　　A. 安装时使用任意一种新的防尘套安装
　　B. 安装前在轴的花键上缠上胶带,以防损坏安装的防尘套
　　C. 如旧的防尘套轻微损坏,可继续安装使用
　　D. 安装时在新的防尘套端头孔涂抹润滑脂以便安装

3.维修信息获取练习

查阅相应维修手册,完成表2-5相关数据的填写。

相 关 数 据 表　　　　　　　　　　　　　　　表2-5

车　　型	查 找 项 目	SST或数据
丰田花冠(ZZE系列)	拆卸前驱动轴(半轴)螺母SST代号	
丰田花冠(ZZE系列)	拆卸前驱动轴(半轴)SST代号	
丰田花冠(ZZE系列)	前半轴内球节润滑脂量	
金杯、海狮	2WD传动轴安装时螺栓螺母拧紧力矩	

4.学习目标达成度的自我检查(表2-6)

自 我 检 查 表　　　　　　　　　　　　　　　表2-6

序号	学 习 目 标	达成情况(在相应的选项后打"√")		
		能	不能	如果不能,是什么原因
1	叙述万向传动装置的作用和种类			
2	识别汽车传动轴,完成万向传动装置的基本检查			
3	在教师指导下,完成前轮驱动轴防尘套更换			
4	根据给定的工作计划,规范分解、检查和安装普通十字轴式万向节			
5	运用所学知识分析万向传动装置的典型故障			

5.日常表现性评价(由小组长或者组内成员评价)

(1)工作页填写情况。(　　)

　　A.填写完整　　　　B.缺失0~20%　　　　C.缺失20%~40%　　　　D.缺失40%以上

(2)工作着装是否规范?(　　)

　　A.穿着校服(工作服),佩戴胸卡　　　　B.校服或胸卡缺失一项

　　C.偶尔会既不穿校服又不戴胸卡　　　　D.始终未穿校服,佩戴胸卡

(3)能否主动参与工作现场的清洁和整理工作?(　　)

　　A.积极主动参与5S工作

　　B.在组长的要求下能参与5S工作

　　C.在组长的要求下能参与5S工作,但效果差

　　D.不愿意参与5S工作

(4)升降汽车时,有无进行安全检查并警示其他同学?(　　)

　　A.有安全检查和警示　　　　B.有安全检查,无警示

　　C.无安全检查,有警示　　　　D.无安全检查,无警示

(5)是否达到全勤?(　　)

　　A.全勤　　　　B.缺勤0~20%(有请假)

　　C.缺勤0~20%(旷课)　　　　D.缺勤20%以上

(6)总体印象评价。(　　)

　　A.非常优秀　　　　B.比较优秀　　　　C.有待改进　　　　D.急需改进

(7)其他建议:

小组长签名:_____　　　　　　　　　　_____年_____月_____日

6.教师总体评价

(1)对该同学所在小组整体印象评价。(　　)

　　A.组长负责,组内学习气氛好

　　B.组长能组织组员按要求完成学习任务,个别组员不能达成学习目标

　　C.组内有30%以上的学员不能达成学习目标

　　D.组内大部分学员不能达成学习目标

(2)对该同学整体印象评价:
_____
_____
_____。

教师签名:_____　　　　　　　　　　_____年_____月_____日

学习任务3　离合器操纵机构的检测与维修

学习目标

完成本学习任务后,你应当能:
1. 叙述离合器操纵机构的作用及特点;
2. 识别离合器操纵机构的类型及各零部件,并叙述其工作原理;
3. 在教师指导下,实施液压式离合器操纵机构的目检并进行离合器主缸、工作缸的更换;
4. 在教师指导下,完成液压式离合器操纵机构的排空、自由行程的检查与调整;
5. 运用所学知识,分析离合器操纵机构的故障原因。

建议完成本学习任务为 10 学时

内容结构

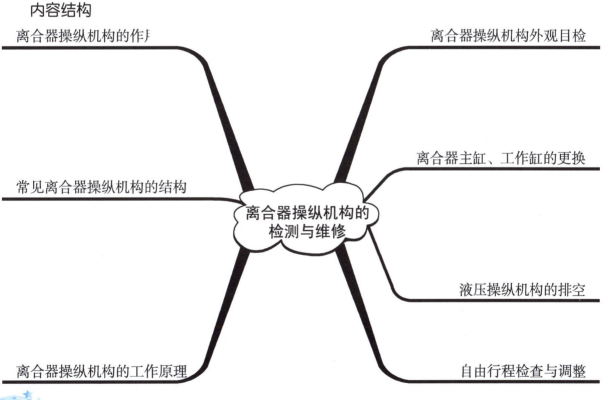

学习任务描述

某车辆因离合器工作缸漏油导致离合器分离不彻底的故障,需对离合器操纵机构进行检查,确定故障部位并对其维修、更换或调整。

离合器操纵机构是驾驶人借以使离合器分离,而后又使之柔和接合的一套机构,它起始于离合器踏板,终止于离合器壳内的分离轴承,是实现离合器功能的重要机构。

一、学习准备

1. 回顾离合器操纵机构的作用是什么,类型有哪些?

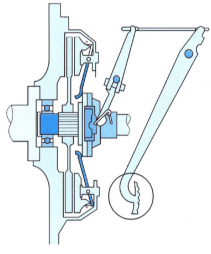

1)离合器操纵机构的作用

在配备手动变速器的车辆中,离合器能够保证汽车平稳起步,实现传动系统换挡时工作平顺,防止传动系统过载等三项功能。为了实现离合器这三大功能,离合器应该是这样一个传动机构:其主动部分和从动部分可以接合,也可以分离,并在传动过程中还有可能相对转动,因此离合器操纵机构的主要作用是_____(分离/接合)离合器,如图3-1所示。

2)离合器操纵机构的类型

(1)类型。

按操纵能源的不同,离合器分为液压式和机械式。其中,机械式离合器又分为杆式和绳索式两种。

(2)查询相关资料,区分图3-2所示离合器操纵机构的类型,并将相关信息填写在表3-1中。

图3-1 操纵机构分离离合器示意图

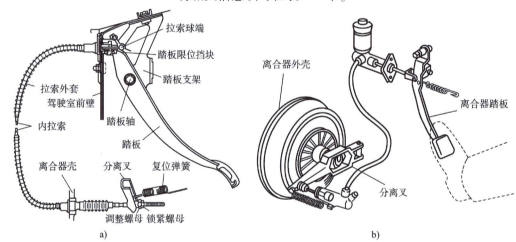

图3-2 离合器操纵机构

不同类型离合器操纵机构的优缺点　　　　表3-1

序号	类型	优　点	缺　点	代表车型
图3-2a)			寿命较短,抗拉强度较小,故只适用于轻型、微型汽车和某些轿车	
图3-2b)		摩擦阻力小,传递效率高,接合平顺,结构比较简单,便于布置,不受车身和车架变形的影响		

2. 液压式离合器操纵机构一般是以制动液来传递动力,系统通常是通过踩下离合器踏板后,通过液压油管,将储油罐的液压油从主缸输送到工作缸,再由工作缸压缩分离叉从而使离合器分离,那么典型的液压式离合器操纵机构由哪些组成部件构成？其具体工作原理是什么？

（1）查阅相关资料,将图3-3中零件的名称和作用填写在表3-2中。

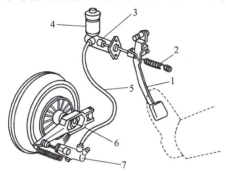

图3-3 液压式离合器操纵机构零部件

液压式离合器操纵机构零部件的名称与作用　　表3-2

序号	名称	作用
1	离合器踏板	
2		
3		
4		
5		将离合器主缸的离合器油输送到离合器工作缸
6		
7		

（2）液压式离合器操纵机构是如何进行工作的？

①观察图3-4,当离合器踏板松开时,主缸进油孔_____(是/没有)被阀门密封,工作缸的油压_____(能/不能)将推杆推出。

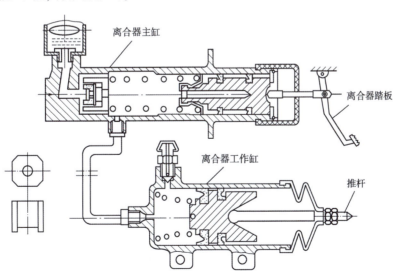

图3-4 松开离合器踏板

②观察图3-5,当踩下离合器踏板时,主缸进油孔_____(是/没有)被阀门密封,工作缸的油压_____(能/不能)将推杆推出。

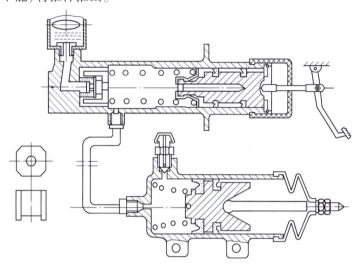

图3-5 踩下离合器踏板

 3. 当离合器操纵机构工作不良时,易导致离合器打滑、发抖、异响等故障,应如何排除?

查询相关资料,将表3-3补充完整。

离合器操纵机构常见故障　　　　　　　　　　　　　表3-3

故障现象	可能原因	排除方法
离合器打滑	自由行程不足	
	踏板或拉索粘住	润滑踏板或更换拉索
	离合器片有油污	清洗或更换离合器从动盘
离合器发抖	操纵机构磨损	更换磨损件
	液压系统有空气	排空
	分离轴承接触表面不平	
离合器分离不彻底	自由行程过大	调节自由行程
	踏板或分离轴承行程不足	调节踏板行程
	操纵机构磨损	更换磨损件
	液压系统泄漏	维修
	分离轴承移动发卡	
离合器异响	分离轴承磨损	更换分离轴承
	分离拨叉磨损	更换分离拨叉
	操纵机构润滑点无油	润滑维护

二、计划与实施

(1)工具和材料:干净的抹布、常用工具、举升机、钢直尺、维修手册。

(2)保护性衣物。标准作业着装。
(3)汽车相关信息。
车辆型号(VIN码):_____;号牌:_____;
车型及行驶里程:_____;维修接待意见:_____。

4. 在教师指导下,完成液压式离合器操纵机构的基本检查。

(1)检查离合器主缸、工作缸、输油软管是否泄漏。　　□是　　□否
(2)检查离合器油量、油质是否正常。　　　　　　　　□正常　□不正常
(3)踩下离合器踏板,是否存在:
①异响。　　　　　　　　　　　　　　　　　　　　□有　　□无
②过度松动。　　　　　　　　　　　　　　　　　　□有　　□无
③感觉踏板过于沉重。　　　　　　　　　　　　　　□有　　□无
④回弹无力。　　　　　　　　　　　　　　　　　　□有　　□无
(4)如图3-6所示,检查踏板的自由行程。　　　　　　□任务完成

图3-6　检查踏板的自由行程

(5)如图3-7所示,检查踏板高度。　　　　　　　　　□任务完成
(6)如图3-8所示,检查踏板余量。　　　　　　　　　□任务完成

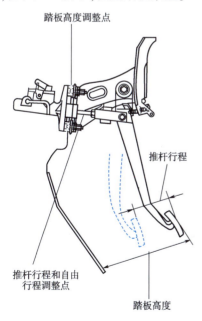

图3-7　离合器踏板高度检查

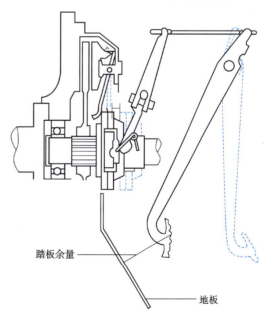

图3-8　离合器踏板余量检查

查找标准数据和记录相关检测数据,并完成表3-4。

离合器踏板检测记录表　　　　　　　　　　　表3-4

检 测 项 目	检查数值(mm)	标准数值(mm)	维 修 建 议
踏板高度			
踏板自由行程			
踏板余量			

5. 若液压式离合器操纵机构的主缸和工作缸泄漏将导致离合器分离不彻底,从而易导致汽车换挡困难和异响,那么该如何进行离合器主缸和工作缸的拆装与检修?

1)拆卸步骤
(1)将离合器油液抽干。　　　　　　　　　　　□ 任务完成
(2)将离合器主缸、工作缸从车上拆卸下来。　　□ 任务完成
(3)将主缸固定在台虎钳上。　　　　　　　　　□ 任务完成
(4)拨开主缸防尘套,用卡簧钳拆下卡簧。　　　□ 任务完成
(5)依次取下主缸推杆、活塞。　　　　　　　　□ 任务完成
(6)如图3-9所示,使用压缩空气从工作缸中拆下活塞。□ 任务完成

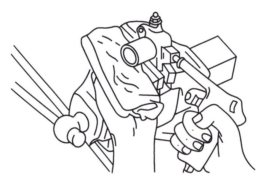

图3-9　拆下工作缸活塞

 小提示

(1)用布罩住工作缸,防止活塞突然弹出。
(2)拆卸工作缸活塞时,缓慢控制风枪的压缩空气出风量,防止离合器油溅出。

2)检查
(1)检查工作缸的推杆是否有变形或严重磨损的现象。
检查结果及处理办法:_____。
(2)检查主缸、工作缸的皮碗或橡胶密封件是否有磨损、腐蚀、老化现象。
检查结果及处理办法:_____。
(3)检查主缸、工作缸活塞的磨损情况。
检查结果及处理办法:_____。
(4)检查主缸、工作缸的缸壁是否有拉伤和起沟槽的现象。
检查结果及处理办法:_____。

3)安装
(1)将要装复的主缸、工作缸清洁干净。　　　　　　　□ 任务完成
(2)将主缸、工作缸的泵腔和活塞皮碗分别涂上液压油。□ 任务完成
(3)将活塞装入泵腔内,装上推杆并装入卡簧。　　　　□ 任务完成
(4)检查活塞在泵腔内活动是否自如。　　　　　　　　□ 任务完成

6. 在完成液压式离合器操纵机构的装复后,需要对其液压系统进行排空,应怎样进行排空?阐述排空的原因。

(1)描述液压式离合器操纵机构在哪些情况下需要进行排空。
①列举在哪些情况下需要排空。

②液压系统中混入空气后,如果不排空将对车辆产生何种影响?

(2)排空步骤。
①排空前的检查。
a. 检查连接管路是否有漏油及其他的异常现象。　　　　□ 任务完成
b. 如果油面过低,添加油到储液室正常位置。　　　　　□ 任务完成
c. 将离合器踏板缓慢踩到底,检查离合器操纵机构或复位弹簧,记录检查的内容:_____
_____。
d. 当踩离合器踏板时,液压操纵系统是否正常。　　　　□ 是　　　□ 否
②排空。
a. 拉紧驻车制动器操纵杆。
b. 拆除排气塞螺钉的橡胶罩,把排气塞螺钉擦拭干净,将乙烯软管的一端接到排气塞螺钉,另一端放进带有溶液的透明容器内,如图3-10所示。

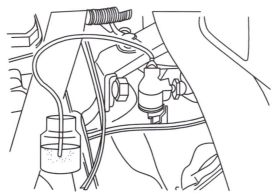

图3-10　离合器排空

c. 反复踩下离合器踏板,并保持其被踩下的状态。
为什么离合器踏板需要反复踩下并保持踩下的状态?

d. 拧松离合器工作缸排气塞螺钉,将带气泡的离合器液排进容器内,然后立即拧紧排气塞螺钉。
e. 缓慢地放开离合器踏板,重复步骤c、d,直到往容器内泵送的离合器油的气泡消失为止。
f. 将离合器油加注到储液罐中,直到液面达到规定位置。

 小提示

①油管不能有折弯或渗漏现象,注意不要让油液飞溅到眼睛和脸部,离合器油不允许混加。
②排空过程中,离合器储油罐内的离合器油应达到规定的液位。

学习拓展

如果离合器主缸内混入空气,由于其安装位置较高,用以上的排空法就不易排出空气。此时,可用真空吸气法,即选择合适的工具,在储油罐口施加一个真空力,让气泡膨胀向上运动,将混入的空气吸出。

7. 在对液压式离合器操纵机构的液压系统进行排空后,应该对其进行哪些检查与调整,应如何调整?

1)基本检查
(1)检查储油罐油面的高度是否正常。　　　　　□ 是　　　　□ 否
(2)检查离合器踏板的自由行程是否正常。　　　□ 是　　　　□ 否

 小提示

如果离合器踏板的自由行程不正常,需调整到规定值。

2)调整离合器踏板的自由行程
(1)离合器操纵机构属于液压式还是机械式?　　□ 液压式　　□ 机械式
(2)参考维修手册,考虑通过调整哪个螺母能将自由行程调整到规定的范围内?并记录调整步骤:

小提示

①调整完成后要注意检查离合器工作是否正常。
②有些汽车离合器踏板自由行程可以自动调节。

三、评价反馈

1. 使用(维修)案例分析

阅读案例,完成下面问题。

案例1:某金杯海狮出现起步或爬坡时动力不足,行驶中踩下加速踏板,发动机转速明显升高但汽车加速不明显的故障现象。

诊断及排除:根据故障现象,初步诊断为离合器打滑。首先检查离合器踏板的自由行程,发现没有自

由行程。将自由行程调整到规定值,故障排除。

案例2:某金杯海狮出现当猛踩离合器踏板时,离合器可以分离,但踩住离合器踏板一段时间后,离合器又会重新接合的故障现象。

诊断及排除:根据故障现象,初步认为离合器液压系统泄漏,经外观检查没有发现外泄漏,拆下离合器主缸并分解,发现主缸皮碗老化磨损,并有纵向沟槽,主缸筒内壁也已严重磨损,换件修复后,故障排除。

案例3:某金杯海狮在起动发动机,踩下离合器踏板挂入一挡或倒挡时,听到变速器齿轮撞击的声音,同时踩离合器踏板时有发软的感觉。

诊断及排除:根据故障现象,初步诊断为离合器液压系统混入空气。首先检查离合器储液罐的液位,液位正常无泄漏迹象,继而进行排空,故障排除。

(1)解释案例1:为什么离合器踏板自由行程过小,容易导致汽车动力不足?

(2)解释案例2:踩下离合器踏板后,为什么离合器出现先分离后接合的故障现象?

(3)解释案例3:为什么离合器液压系统混入空气后,会使离合器分离不彻底,踩离合器踏板时会有发软的感觉,分析原因并说明解决方法。

原因分析:

解决方法:

在进行液压式离合器操纵机构的检查过程中发现离合器油不足,请分析导致该现象的原因有哪些,并说明应如何排除?

2. 学习自测题

(1)汽车离合器安装于( )。
    A. 发动机与变速器之间　　　　　　　B. 变速器与后驱动轴之间
    C. 带轮与变速器之间　　　　　　　　D. 分动器与变速器之间

(2)汽车离合器的主要作用是( )。
    A. 保证汽车怠速平稳　　　　　　　　B. 使换挡时工作平顺
    C. 防止传动系统过载　　　　　　　　D. 增加变速比

(3)下列不属于汽车离合器部分的是( )。
    A. 分离轴承　　　B. 曲轴　　　C. 飞轮　　　D. 从动盘

(4)在正常情况下,发动机工作,汽车离合器踏板处于自由状态时( )。
    A. 发动机的动力不传递给变速器　　　B. 发动机的动力传递给变速器
    C. 离合器分离杠杆受力　　　　　　　D. 离合器的主动盘与从动盘分离

(5)下列说法正确的是( )。
　　A.离合器机械式操纵机构有杆式传动和绳索式传动两种形式
　　B.液压操纵式离合器操纵机构在大修加油后不用进行排空就可工作
　　C.离合器踏板没有自由行程
　　D.带扭转减振器的离合器可避免传动系统的共振
(6)学生 a 说:汽车在紧急制动时,要马上踩住离合器,防止因传动系统过载而使发动机的零件损坏。学生 b 说:汽车在紧急制动时不用踩住离合器,离合器有传动系统过载保护功能。他们说法正确的是( )。
　　A.只有学生 a 正确　　　　　　　　B.只有学生 b 正确
　　C.学生 a 和 b 都正确　　　　　　　D.学生 a 和 b 都错
(7)当汽车加速时,车速没有随发动机的转速提高而加快,行驶中感到无力则可能是( )所致。
　　A.离合器打滑　　　　　　　　　　B.离合器分离不彻底
　　C.离合器发抖　　　　　　　　　　D.离合器异响
(8)下面关于汽车离合器踏板自由行程的叙述正确的是( )。
　　A.自由行程是由于操纵机构长期使用后磨损产生的
　　B.自由行程可以使压盘有足够的空间压紧从动盘,防止离合器打滑
　　C.自由行程与有效行程之和就是踏板的总行程
　　D.离合器踏板自由行程过大将造成离合器打滑现象

3.学习目标达成度的自我检查(表3-5)

自我检查表　　　　　　　　　　　　　　　　　　　　　　　　表3-5

序号	学习目标	达成情况(在相应的选项后打"√")		
		能	不能	如果不能,是什么原因
1	叙述离合器操纵机构的作用及特点			
2	识别离合器操纵机构的类型及各零部件,并叙述其工作原理			
3	在教师指导下,实施液压式离合器操纵机构的目检并进行离合器主缸、工作缸的更换			
4	在教师指导下,完成液压式离合器操纵机构的排空、自由行程的检查与调整			
5	运用所学知识,分析离合器操纵机构的故障原因			

4.日常表现性评价(由小组长或者组内成员评价)
(1)工作页填写情况。( )
　　A.填写完整　　　B.缺失 0~20%　　　C.缺失 20%~40%　　　D.缺失 40%以上
(2)工作着装是否规范?( )
　　A.穿着校服(工作服),佩戴胸卡
　　B.校服或胸卡缺失一项
　　C.偶尔会既不穿校服又不戴胸卡
　　D.始终未穿校服、佩戴胸卡

(3)能否主动参与工作现场的清洁、整理工作？（　　）
  A.积极主动参与5S工作
  B.在组长的要求下能参与5S工作
  C.在组长的要求下能参与5S工作，但效果差
  D.不愿意参与5S工作
(4)是否参与实训？（　　）
  A.带头参与实训，引领小组实训　　　　B.积极配合组内实训
  C.在教师的要求下参与实训　　　　　　D.不愿意参与实训
(5)总体印象评价。（　　）
  A.非常优秀　　　　B.比较优秀　　　　C.有待改进　　　　D.急需改进
(6)其他建议：

小组长签名：_____　　　　　　　　　　　　　　_____年_____月_____日

5.教师总体评价

(1)对该同学所在小组整体印象评价。（　　）
  A.组长负责，组内学习气氛好
  B.组长能组织组员按要求完成学习任务，个别组员不能达成学习目标
  C.组内有30%以上的学员不能达成学习目标
  D.组内大部分学员不能达成学习目标
(2)对该同学整体印象评价：
_____
_____
_____。

教师签名：_____　　　　　　　　　　　　　　_____年_____月_____日

学习任务4　离合器总成的检测与维修

学习目标

完成本学习任务后,你应当能:
1. 叙述离合器的作用、分类与工作原理;
2. 在整车上拆装离合器总成并识别其零部件;
3. 在教师指导下,完成摩擦式离合器总成的拆卸、检测和维修;
4. 运用所学知识,分析离合器的典型故障原因;
5. 为客户提供正确使用离合器的建议。

建议完成本学习任务为 14 学时

内容结构

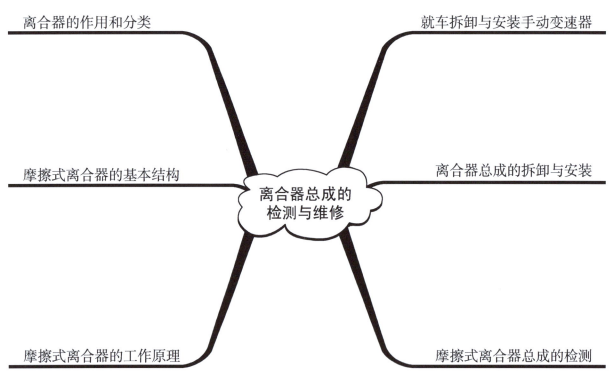

学习任务描述

某车辆因离合器总成工作不良造成起步时车辆抖动,需对离合器总成进行检测,确定故障部位,并对其进行维修或更换。

学习任务4　离合器总成的检测与维修

离合器是传动系统与发动机相连接的部件,通常安装在发动机与变速器之间,用以连接或切断对变速器的动力传递。由于离合器是通过离合器片之间的摩擦力来传递动力,因此在长期使用过程中容易出现磨损等故障,从而影响车辆的使用性能。

一、学习准备

1. 离合器是汽车传动系统中直接与发动机相连的部件,由哪些元件组成？安装位置在哪里？有哪些作用？有哪些类型？

1）离合器总成的组成与安装位置
(1) 观察图4-1,描述离合器总成的安装位置：_____与_____之间。

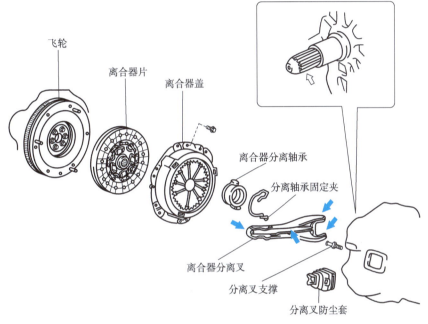

a)

b)

图4-1　离合器总成安装位置

(2) 观察图4-1,叙述有哪些元件：_____。
(3) 用彩笔在图4-1b)中将离合器和变速器标示出来。
(4) 根据图4-2,查阅维修资料,将表4-1补充完整。

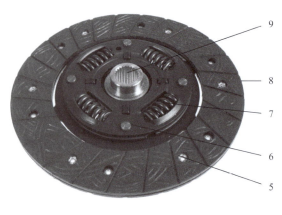

图 4-2 离合器

离合器零件名称　　　　　　　　　　　　　　　　　　　　　　　　　表 4-1

序号	名　称	序号	名　称	序号	名　称
1	飞轮	4		7	吸收扭振弹簧
2		5	铆钉	8	
3		6	从动盘本体	9	花键毂

2）离合器的作用

（1）在离合器操纵机构的配合下保证汽车平稳起步。

（2）换挡时将发动机与变速器迅速彻底分离，切断动力的传递，_____。

（3）汽车在行驶中受到过大的载荷冲击时，能依靠离合器打滑保护整个传动系统，防止_____。

3）离合器的分类

（1）按传递转矩的方式分为三种：摩擦式离合器、液力耦合器和电磁离合器。

①请辨认并写出图 4-3 中的离合器类型名称：图 4-3a）属于_____类型、图 4-3b）属于_____类型、图 4-3c）属于_____类型。

②请列举图 4-3 中三种类型的离合器分别安装在车辆的哪些部位？

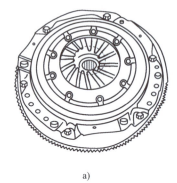

a)　　　　　　　　　b)

图 4-3

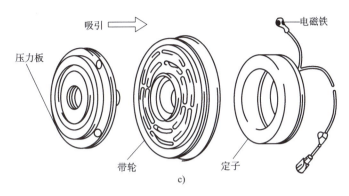

图 4-3 离合器的类型

(2) 摩擦式离合器按压紧弹簧布置的特点可分为三种:周布弹簧式离合器(图 4-4)、中央弹簧式离合器、膜片弹簧式离合器(图 4-5)。

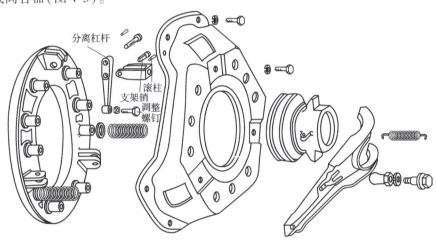

图 4-4 周布弹簧式离合器

(3) 摩擦式离合器按照其从动盘数目可分为三种:单盘式、双盘式和多盘式,如图 4-6 所示。

图 4-5 膜片弹簧式离合器   图 4-6 离合器的类型

 2. 查阅相关维修资料,分析离合器是怎样工作的。

以膜片弹簧离合器为例,其工作原理示意图如图 4-7 所示。

(1) 离合器踏板松开时,分离轴承_____(有/没有)压紧膜片弹簧,离合器主动盘_____(压紧/分开)从动盘,发动机动力将_____(能/不能)传递到变速器,如图 4-7a)所示。

（2）离合器踏板踩下时，分离轴承_____（有/没有）压紧膜片弹簧，离合器主动盘_____（压紧/分开）从动盘，发动机动力将_____（能/不能）传递到变速器，如图4-7b）所示。

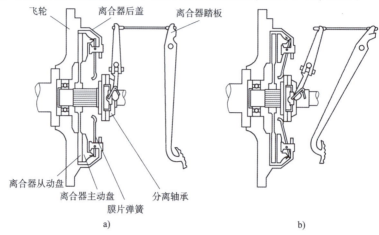

图4-7　膜片弹簧离合器的工作原理示意图

（3）根据（1）、（2）的分析，叙述膜片弹簧离合器的工作原理。

3. 在离合器接合与分离的过程中，分离轴承能平滑、平稳地移动压盘分离杆或膜片弹簧，那么分离轴承应安装在哪里？

（1）认识分离轴承，如图4-8所示。

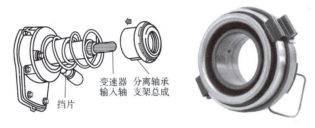

图4-8　分离轴承

（2）用彩笔在图4-9中标示出分离轴承的安装位置。

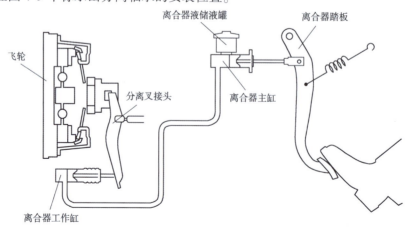

图4-9　分离轴承的安装位置

二、计划与实施

(1)工具和材料:干净的抹布、常用工具、举升机、百分表、千分尺、液压机、维修手册。
(2)保护性衣物。标准作业着装。
(3)汽车相关信息。
车辆型号(VIN码):_____;号牌:_____;
车型及行驶里程:_____;维修接待意见:_____。

4. 离合器安装在发动机与变速器之间,若确认离合器总成故障,进行离合器总成检查之前必须将变速器从车上拆卸,应如何就车拆卸手动变速器?

(1)如图4-10所示,将蓄电池的负极拆下(某些车型除外)。

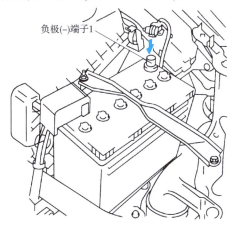

图4-10 拆下蓄电池负极

 小提示

①断开蓄电池负极电缆之前,应首先读取并记录故障诊断系统的故障码以及其他相关信息。
②重新安装蓄电池时应复位时钟及其他电气设备。

(2)将汽车用举升机举升。
(3)将油盘放在变速器位置,并旋松变速器放油螺塞。
(4)松开并列明所有连接变速器的线束。
(5)拆卸变速器外部换挡机构的所有连接杆。
(6)拆下起动机。
(7)拆下离合器工作缸。
(8)松开并取出连接变速器的速度表轴。
(9)松开并取出连接变速器的前驱动轴(前轮驱动汽车)。
(10)松开并取出连接变速器的传动轴。
(11)旋紧变速器放油螺塞,将油盘从变速器位置移开。
(12)如图4-11所示,用千斤顶支持卸下的变速器。
(13)松开并取出固定变速器的螺栓。
(14)轻轻转动,并从机体取出变速器。

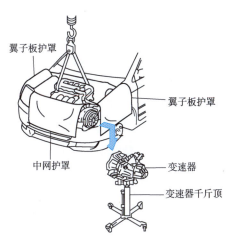

图4-11 拆卸变速器

小提示

①以上操作仅为一般性的操作规程,具体操作方法以车型维修手册的规定步骤为准。
②用千斤顶支持变速器时,要注意安全。
③拆卸零部件时,应注意其安装位置和方向,必要时应做装配记号。

 5. 在进行离合器总成检修前,需先拆卸离合器总成,那么应如何规范拆卸离合器总成?

1)分离拨叉和分离轴承的拆卸
(1)从变速器上拆下离合器分离叉。

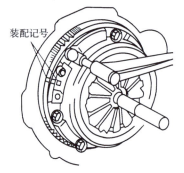

图 4-12 拆卸离合器盖

(2)拆下离合器分离叉防尘套。
(3)从离合器分离叉上拆下分离轴承。
(4)拆下分离轴承固定夹。
(5)拆下分离叉支撑。
2)拆下离合器盖
(1)如图 4-12 所示,在离合器盖和飞轮上做装配记号。
(2)如图 4-12 所示,对角均匀旋松螺栓,每次旋松 1 圈直至弹簧弹力释放。
(3)拆下安装螺栓和离合器盖。

 小提示

①拆卸离合器盖时,要防止离合器总成跌落,以免砸伤人。
②严禁用压缩空气、刷子清除离合器上的石棉尘。
③按照相关法规,应收集并妥善处理石棉尘或含石棉的液体。

 6. 离合器总成出现问题易导致离合器分离不彻底、打滑、发抖和异响等故障,需要对离合器总成进行规范检查,应如何对其进行检查?

1)离合器片总成的检查
(1)离合器总成的外观目检。
①离合器表面是否磨损或受到油的污染。
②扭力弹簧是否损坏或太软。
③离合器片是否翘曲或磨损。
a. 当离合器表面受到油的污染时,汽车容易出现哪些故障现象?阐明原因。

b. 当离合器片翘曲时,汽车容易出现哪些故障现象?阐明原因。

（2）离合器片的检查。

①如图4-13所示，用游标卡尺，测量铆钉头部深度。

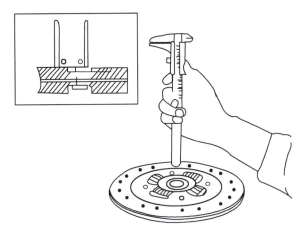

图4-13　测量铆钉头部深度

测量值：_____；极限值：_____。

②在驱动桥上安装离合器片。

小提示

在安装离合器片时，注意离合器片的安装方向。

③如图4-14所示，用百分表测量离合器片总成的摆动量。

测量值：_____；标准值：_____。

（3）离合器盖的检查。

如图4-15所示，用游标卡尺测量膜片弹簧磨损的深度和宽度。

A（深度）：_____；B（宽度）：_____。

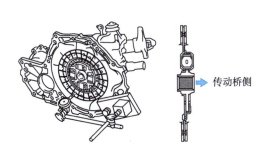

图4-14　测量离合器片总成的摆动量　　　图4-15　测量膜片弹簧深度和宽度

（4）飞轮的检查。

如图4-16所示，使用百分表测量飞轮摆动量。

测量值：_____；标准值：_____。

2）离合器分离轴承的检查

如图4-17所示，在轴承上施力并转动分离轴承。

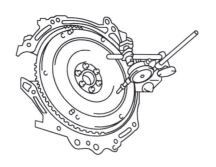

图4-16 测量飞轮摆动量

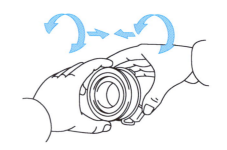

图4-17 检查分离轴承

小提示

很多离合器分离轴承是永久润滑的,无需清洁或润滑,具体车型请参照维修手册。

7. 如何安装离合器总成?

(1)安装离合器片。

小提示

在安装离合器片时要注意其安装方向,严禁装反。

(2)安装离合器盖。
①将离合器盖和飞轮上的记号对齐。
②如图4-18所示,按顺序将螺栓拧紧,第一个螺栓位于顶部的定位销附近。

小提示

(1)按图示的顺序拧紧螺栓,分多次均匀拧紧。
(2)上下、左右轻微晃动SST,确认离合器片对中后,拧紧螺栓。

(3)检查并调整离合器盖。
①用带滚轮的百分表检查膜片弹簧尖部平整度,如图4-19所示。

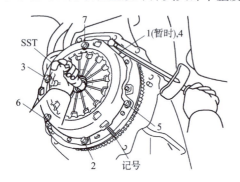

图4-18 安装离合器盖

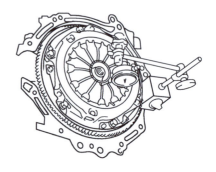

图4-19 检查膜片弹簧尖部平整度

小提示

如果未配备带滚轮的百分表,可用小块平板平稳放置在膜片弹簧尖部,目视检查其不平整状况。

②如果平整度不合格,用SST进行调整,如图4-20所示。

(4)安装分离叉支撑。

(5)安装分离叉防尘套。

(6)安装分离轴承固定夹。

(7)安装离合器分离叉。

①分别在分离叉与分离轴承之间的接触面、分离叉和推杆之间的接触面、分离叉支点等三处涂抹分离毂润滑脂,如图4-21所示。

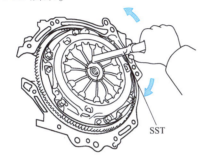
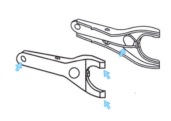

图4-20 调整平整度　　　图4-21 涂抹分离毂润滑脂

②把分离叉装在分离轴承上。

(8)安装离合器分离轴承。

①在输入轴花键上涂抹离合器花键润滑脂。

②在分离叉上装入分离轴承,而后将其一起装入传动桥总成。

 小提示

离合器分离轴承安装完成后,应向前、向后移动分离叉以检查分离轴承是否滑动自如。

 8. 按照与拆卸相反的顺序就车安装手动变速器,并记录主要步骤。

主要步骤有:

 9. 为了确保离合器良好的工作性能,除日常维护外,在使用过程中按规范操作也是非常重要的,将故障解决后,应为客户提供正确使用离合器的建议,并运用所学知识向客户阐明原因。

(1)严禁不踩下离合器就进行换挡。

解释原因:

（2）不使用离合器时，严禁把脚放在离合器踏板上。
解释原因：

（3）在松砂路面或石子路面起步时，应缓慢松开离合器踏板。
解释原因：

三、评价反馈

1. 使用（维修）案例分析

离合器在使用过程中易出现故障，请运用所学知识，分析离合器典型故障的原因。

（1）查阅相关资料，将表4-2补充完整。

离合器故障原因　　　　　　　　　　　　　　　　表4-2

故障现象	可能原因	排除方法
离合器打滑	飞轮翘曲	修整或更换飞轮
	从动盘有油液、润滑脂或表面磨损	
	从动盘或压盘翘曲	更换损坏的部件
	离合器没有正确对准	重新对准
	压盘弹簧损坏或压盘浸油	更换损坏的零件
离合器发抖	摩擦片磨损或光滑	更换从动盘
	摩擦片上有机油或润滑脂	清洗或更换
	飞轮或压盘翘曲或有沟槽	校正、打磨或更换
	发动机支架损坏	修复
离合器分离不彻底	摩擦片上有机油或润滑脂	清洗或更换
	摩擦片破裂	更换从动盘
	从动盘翘曲	
	分离杠杆调整不当或磨损	调整、修复或更换
	从动盘的花键磨损	更换从动盘
	从动盘粘接在变速器输入轴上	清洗或更换从动盘和输入轴
	向心轴承磨损或黏合	更换向心轴承
离合器异响	向心轴承磨损或黏合	更换向心轴承
	减振器弹簧断裂	更换损坏件
	从动盘花键磨损	更换从动盘
	变速器输入轴的轴承磨损	修复或更换

（2）总结导致车辆发抖故障的原因。

某卡罗拉轿车在起步时慢慢抬起离合器踏板，出现全车严重抖动的故障现象；此外，在行驶过程中换挡时，能感觉到离合器抖动。

诊断与排除：

根据可能的故障原因做如下检查：

①离合器踏板自由行程，正常。

②变速器与发动机固定螺栓，无松动，正常。

③发动机支架橡胶，良好。

④拆下变速器检查变速器第一轴花键，良好。

⑤拆下离合器压盘总成，检查压盘、膜片弹簧，无异常。

⑥摩擦片厚度合适，挠曲变形在标准范围内，扭转减振器、从动盘毂花键正常。

⑦用手前后扳动飞轮，发现飞轮松动，拆下飞轮固定螺栓，发现螺纹损坏。更换新螺栓，装复离合器，试车，故障排除。

运用所学知识，分析造成车辆发抖的原因有哪些？

2．学习自测题

（1）学生 a 说：离合器踏板完全抬起起步仍困难，是分离不彻底造成的；学生 b 说：为了减少离合器的磨损，压盘与摩擦片之间要有润滑油润滑。他们说法正确的是（　　）。

　　A．只有学生 a 正确

　　B．只有学生 b 正确

　　C．学生 a 和 b 都正确

　　D．学生 a 和 b 都错

（2）下列说法正确的是（　　）。

　　A．汽车离合器操作要领要求是分离时要迅速、彻底，接合时要平顺、柔和

　　B．汽车离合器有摩擦式、液力耦合式和带式等几种

　　C．离合器从动盘有带扭转减振器和不带扭转减振器两种结构形式

　　D．离合器的压盘压力越大越好

（3）下列说法正确的是（　　）。

　　A．从动盘体与摩擦片之间加铆波浪形弹性钢片是为了提高接合的柔顺性

　　B．摩擦片要求具有较小的摩擦因数、良好的耐磨性和耐热性以及适当的弹性

　　C．离合器从动盘与发动机曲轴相连接

　　D．膜片弹簧离合器中膜片弹簧起到压紧弹簧和分离杠杆的双重作用

（4）离合器从动盘本体的外缘部分开有径向窄切槽，目的是（　　）。

　　A．减小从动盘体的转动惯量　　　　　　B．增加摩擦力

　　C．增加耐磨力　　　　　　　　　　　　D．加强散热

（5）某车辆有噪声，噪声只在踩下和松开离合器踏板时出现，以下哪种情况最可能产生此故障？（　　）

　　A．分离轴承故障　　　　　　　　　　　B．中间轴轴承故障

　　C．离合器片磨损过度

(6)车辆起步时离合器明显抖动,不能平稳接合。产生此故障的原因很多,但以下哪种情况是不能产生此故障的?(   )

  A. 发动机缺缸   B. 大负荷

  C. 磨损的分离轴承   D. 松动或损坏的发动机固定支座

3. 学习目标达成度的自我检查(表4-3)

自 我 检 查 表 表4-3

序号	学习目标	达成情况(在相应的选项后打"√")		
		能	不能	如果不能,是什么原因
1	叙述离合器的作用、分类与工作原理			
2	在整车上拆装离合器总成并识别其零部件			
3	在教师指导下,完成摩擦式离合器总成的拆卸、检测和维修			
4	运用所学知识,分析离合器典型故障的原因			
5	为客户提供正确使用离合器的建议			

4. 日常表现性评价(由小组长或者组内成员评价)

(1)工作页填写情况。(   )

  A. 填写完整   B. 缺失0~20%

  C. 缺失20%~40%   D. 缺失40%以上

(2)工作着装是否规范?(   )

  A. 穿着校服(工作服),佩戴胸卡

  B. 校服或胸卡缺失一项

  C. 偶尔会既不穿校服又不戴胸卡

  D. 始终未穿校服、佩戴胸卡

(3)能否主动参与工作现场的清洁、整理工作?(   )

  A. 积极主动参与5S工作

  B. 在组长的要求下能参与5S工作

  C. 在组长的要求下能参与5S工作,但效果差

  D. 不愿意参与5S工作

(4)是否参与实训?(   )

  A. 带头参与实训,引领小组实训 B. 积极配合组内实训

  C. 在教师的要求下参与实训   D. 不愿意参与实训

(5)总体印象评价。(   )

  A. 非常优秀 B. 比较优秀   C. 有待改进   D. 急需改进

(6)其他建议:

小组长签名:_____   _____年_____月_____日

5. 教师总体评价

(1) 对该同学所在小组整体印象评价。(　　)

　　A. 组长负责,组内学习气氛好

　　B. 组长能组织组员按要求完成学习任务,个别组员不能达成学习目标

　　C. 组内有 30% 以上的学员不能达成学习目标

　　D. 组内大部分学员不能达成学习目标

(2) 对该同学整体印象评价:

_____

_____

_____。

教师签名:_____　　　　　　　　　_____年_____月_____日

学习任务 5　手动变速器总成修理

学习目标

完成本学习任务后,你应当能:
1. 认识手动变速器的各个组成部分;
2. 叙述齿轮变速变扭的原理和手动变速器的功能;
3. 叙述换挡操纵机构与同步器的工作原理;
4. 在教师指导下,分析手动变速器的动力传递路线;
5. 在教师指导下,实施手动变速器的解体维修与装复检查;
6. 在教师指导下,对手动变速器的零件进行检查,并独立判断变速器零部件的可用性。

建议完成本学习任务为 18 学时

内容结构

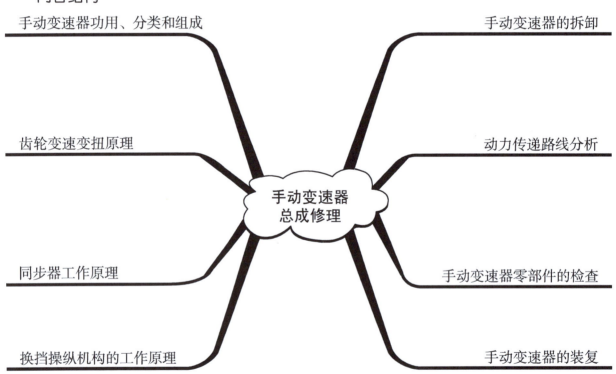

学习任务描述

某车辆因手动变速器内部故障而造成异响,需要进行解体检查,确定故障部位,并对其进行维修或更换。

手动变速器是传动系统用来改变传动比,实现倒挡行驶和切断动力的重要总成,其维修包括预防性维护、故障诊断及总成修理。尽管随着汽车材料和加工精度的提高,手动变速器出现故障的概率非常低,但是在实际使用过程中,由于手动变速器的自然磨损、维护不及时或使用不当等原因,造成其零部件技术状况有可能发生变化,进而产生故障。

一、学习准备

 1. 手动变速器有哪些作用？它是如何分类的？安装位置是怎样的？

1) 手动变速器作用

在学习任务1中我们已经知道,由于发动机的转速和转矩的变化范围比较小,而汽车实际行驶的道路条件非常复杂,要求汽车的牵引力和行驶速度必须能够在相当大的范围内变化;另外,任何发动机的曲轴始终是向同一方向转动,而汽车实际行驶过程当中常常需要倒向行驶。为此,在汽车传动系统中设置了手动变速器(或自动变速器),其具体作用如下:

(1) 改变传动比,改变发动机_____和转矩以改变汽车的车速和牵引力。

(2) 在发动机曲轴旋转方向不变的前提下,实现汽车_____行驶。

(3) 利用空挡,中断_____,以便发动机能够起动、怠速并便于变速器换挡或进行动力输出。

(4) 利用变速器作为动力输出装置,驱动其他机构,如自卸车的液压举升装置等。

 小词典

传动比:主动齿轮(输入轴)与从动齿轮(输出轴)的转速比。

2) 手动变速器的分类

(1) 按齿轮的传动方式划分。

① 二轴式手动变速器是指变速器只有输入轴和输出轴,在任何前进挡工作时,都只有一对齿轮副(倒挡时为两对齿轮副)工作,应用于发动机前置_____(前、后)轮驱动的轿车,如图5-1所示。

② 三轴式手动变速器是指除输入轴和输出轴外,还有中间轴,输入轴前端通过离合器与发动机曲轴相连,输出轴后端通过凸缘连接万向传动装置,中间轴主要用来固定安装各挡的变速传动齿轮,应用于发动机前置_____(前、后)轮驱动的汽车。

③ 用彩笔在图5-1中标示出输入轴、输出轴。

④ 识图5-2三轴式变速器的输入轴、输出轴和中间轴,其中1为输入轴,2为_____轴,3为_____轴。

图5-1 二轴式手动变速器

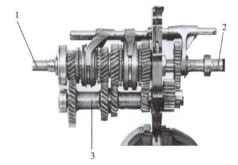

图5-2 三轴式手动变速器

⑤运用所学知识,辨别实训所提供的手动变速器是属于二轴式还是三轴式。

(2)按齿轮的啮合方式划分。

手动变速器分为滑动选择式、接合套式和_____。

3)手动变速器的安装位置

(1)认识手动变速器安装位置,并在图5-3中用箭头描绘出变速器的位置。

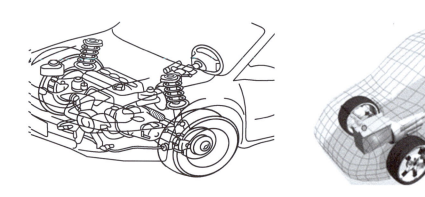

图5-3 手动变速器的安装位置

(2)查找相关资料,辨别图5-4所示手动变速器是属于前驱还是后驱。

图5-4a)为_____(前驱、后驱)手动变速器,图5-4b)为_____(前驱、后驱)手动变速器,由于前驱变速器将主减速器和差速器安装在一起,称为手动变速器驱动桥。

a)

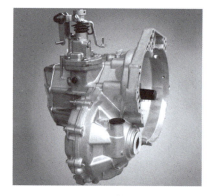

b)

图5-4 手动变速器

(3)分析前驱和后驱手动变速器的异同:

2. 手动变速器是通过变速器齿轮来实现传动系统变速变扭的重要装置,那么齿轮如何实现传动系统变速变扭的功能?

1)杠杆原理

要明白变速器齿轮变扭原理,首先要先理解杠杆和力的关系:杠杆是通过力臂改变力的一种装置。如图5-5所示,当人要撬起2kg的石头时,使用一根3m长的撬棍,根据杠杆原理,人施加的力乘以力臂总是等于石头的压力乘以力臂,可以得出人只需要使用1kg的力就可以撬动石块。

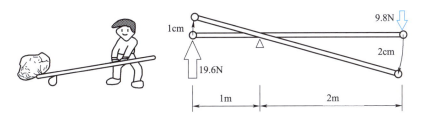

图 5-5　杠杆和力的关系图

2)齿轮的变速变扭原理

(1)齿轮变速原理。

①如图 5-6a)所示,当两个齿数相同的齿轮啮合传动时,主动齿轮和从动齿轮的速度相等。

②如图 5-6b)所示,当小齿轮驱动大齿轮时,主动齿轮的速度_____(大于、等于、小于)从动齿轮的速度。

③如图 5-6c)所示,当大齿轮驱动小齿轮时,主动齿轮的速度_____(大于、等于、小于)从动齿轮的速度。

(2)齿轮变扭原理。

如图 5-6b)所示,当小齿轮驱动大齿轮时,两个齿轮啮合面上的力相等,由于主动齿轮的半径小于从动齿轮的半径,根据杠杆原理可知,主动齿轮的转矩小于从动齿轮的转矩。

同理可知:图 5-6a)主动齿轮的转矩_____(大于、等于、小于)从动齿轮的转矩;图 5-6c)主动齿轮的转矩_____(大于、等于、小于)从动齿轮的转矩。

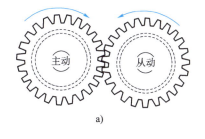 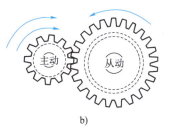 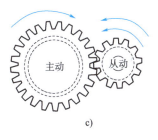

　　　　a)　　　　　　　　　　　　　　b)　　　　　　　　　　　　　c)

图 5-6　齿轮传动变速变扭原理

3. 在进行手动变速器总成的修理之前,需断开手动变速器外操纵机构,手动变速器外操纵机构有什么作用?如何分类?

手动变速器操纵机构的作用是保证驾驶人根据使用条件,将手动变速器换入某个挡位。

1)手动变速器外操纵机构的分类

主要分为远距离操纵式和直接操纵式两大类。

(1)远距离操纵式。

在远距离操纵式中,变速器与驾驶人操作的换挡杆是分隔开的,这两部分由轴、联动装置等连接。有些发动机前置后轮驱动式(FR 型)汽车的换挡杆位于转向柱上(转向柱换挡杆式),如图 5-7 所示;有些发动机前轮前置驱动式(FF 型)的换挡杆位于地板上(地板换挡杆式),如图 5-8 所示。

(2)直接操纵式。

直接操纵式外操纵机构,换挡杆直接设置在手动变速器盖上,如图 5-9 所示。手动变速器布置在驾驶人座位的附近,变速杆由驾驶室伸出,驾驶人可直接操纵变速杆来拨动变速器盖内的换挡操纵装置进行换挡。

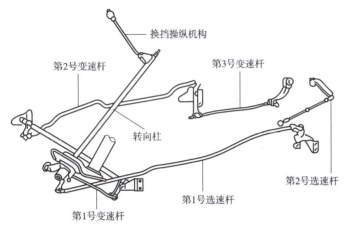
a) 转向柱换挡杆式外操纵机构结构图

b) 转向柱式换挡杆

图 5-7　转向柱换挡杆式外操纵机构

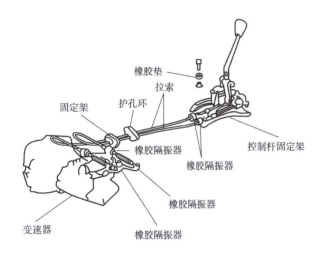

图 5-8　地板换挡杆式外操纵机构

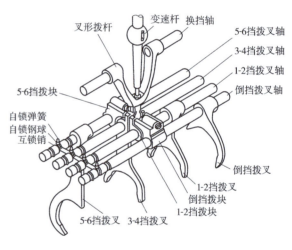

图 5-9　直接操纵式换挡执行机构

2) 手动变速器外操纵机构的特点

根据本学习站配备台架等实训设备,将相关信息填写在表 5-1 中。

不同类型的外操纵机构特点　　　　　表 5-1

类　　型	细　　分	代表车型	特　　点
远距离操纵式	转向柱换挡杆式		
	地板换挡杆式		
直接操纵式			

4. 在进行手动变速器总成修理之前应先确认变速器外部零件是否齐备,故应首先认识手动变速器的外部零件。

参考图 5-10 手动变速器的外部结构,对照实训提供的手动变速器,将表 5-2 补充完整。

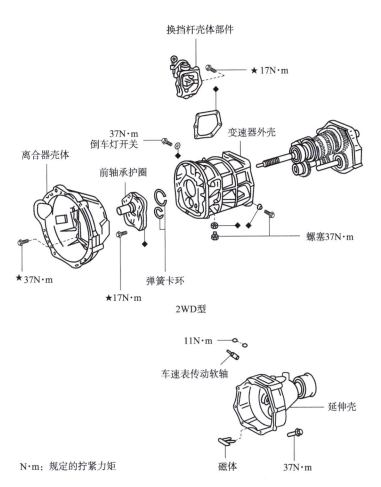

图 5-10 手动变速器的外部结构

手动变速器外部零件作用与安装位置 表 5-2

名　　称	作　　用	位　　置
换挡杆外壳		
车速表软轴的驱动齿轮	用来驱动车速表	
倒挡开关	用来控制倒挡灯	倒挡拨叉轴附近

二、计划与实施

（1）工具和材料：干净的抹布、常用工具、专用工具、维修手册。

（2）保护性衣物。标准作业着装。

（3）汽车相关信息。

车辆型号（VIN码）：_____；号牌：_____；

车型及行驶里程：_____；维修接待意见：_____。

5. 在拆卸手动变速器前，为检查元件是否齐备和有无损坏，需进行手动变速器的外观目检，那么目检有哪些项目？

变速器外观的目检：

(1)变速器外壳是否有裂纹。 □ 有 □ 无
(2)变速器是否漏油。 □ 是 □ 否
(3)倒挡开关是否存在。 □ 有 □ 无
(4)分离拨叉防尘套是否有裂纹。 □ 有 □ 无

小提示

在拆卸手动变速器前,应先将沙尘冲洗干净。

6. 在进行手动变速器总成修理时需先拆卸手动变速器的外壳,那么如何进行拆卸?

(1)拆下离合器分离叉和分离轴承。
(2)拆下倒挡开关和车速表传动软轴。
(3)从变速器外壳拆下离合器壳体。
(4)拆下换挡杆壳体部件。
(5)拆下延伸壳。
(6)拆下前轴承护圈。
(7)拆下轴承弹簧卡簧。
(8)固定变速器,用塑胶锤小心地将中间板与变速器外壳分开。

小提示

严禁用螺丝刀撬开或用锤子敲击变速器外壳。

(9)检查壳体螺纹有无滑牙。 □ 有 □ 无

7. 在进行手动变速器的故障诊断之前,需要根据实物画出动力传递示意图,以便熟悉其动力传递路线,达到缩小诊断范围的目的。

根据图5-11,查找维修资料,将表5-3补充完整。

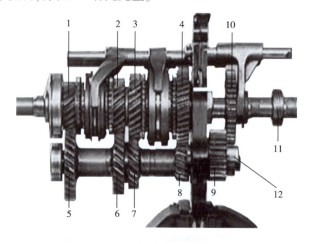

图5-11 手动变速器内部结构

手动变速器内部零件的名称　　　　　　　　表5-3

序号	名　　称	序号	名　　称
1	4挡齿轮（直接挡）	7	
2		8	1挡主动齿轮
3	2挡从动齿轮	9	
4		10	倒挡的中间惰轮
5	中间轴驱动齿轮	11	里程表驱动齿轮
6		12	同步器

典型传递路线分析：

（1）在教师指导下，分析如图5-12所示某中型载货汽车手动变速器的动力传递路线。

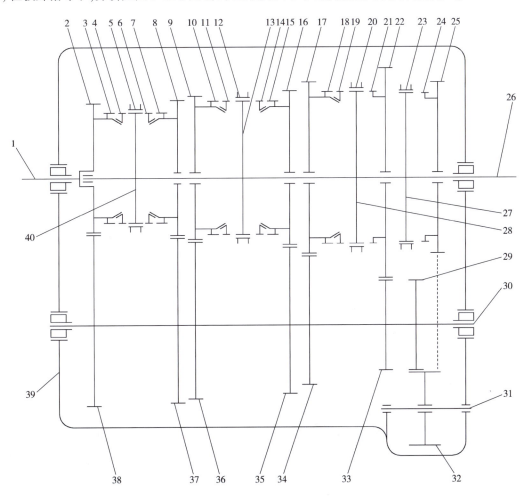

图5-12　中型载货汽车6挡手动变速器传动示意图

1-第1轴；2-第1轴常啮合传动齿轮；3-第1轴齿轮接合齿圈；4-6挡同步器锁环；5、12、20、23-接合套；6-5挡同步器锁环；7-5挡齿轮接合齿圈；8-第2轴5挡齿轮；9-第2轴4挡齿轮；10-4挡齿轮接合齿圈；11-4挡同步器锁环；13、27、28、40-花键毂；14-3挡同步器锁环；15-3挡齿轮接合齿圈；16-第2轴3挡齿轮；17-第2轴2挡齿轮；18-2挡齿轮接合齿圈；19-2挡同步器锁环；21-1挡齿轮接合齿圈；22-第2轴1挡齿轮；24-倒挡齿轮接合齿圈；25-第2轴倒挡齿轮；26-第2轴；29-中间轴倒挡齿轮；30-中间轴；31-倒挡轴；32-倒挡中间齿轮；33-中间轴1挡齿轮；34-中间轴2挡齿轮；35-中间轴3挡齿轮；36-中间轴4挡齿轮；37-中间轴5挡齿轮；38-中间轴常啮合传动齿轮；39-变速器壳体

①如图 5-13 所示,手动变速器 1 挡的传递路线。
②参考①的动力传递路线,在图 5-13 上用不同颜色的笔标示其他各个挡位动力传递路线。
(2)运用所学知识,仿照图 5-12,将拆卸的手动变速器的传动示意图画在下列空白处。
变速器传动示意图:

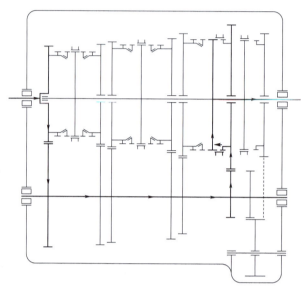

图 5-13　中型载货汽车 6 挡变速器 1 挡传动示意图

①根据所画的图,叙述手动变速器动力传递路线。
②计算传动比。
a. 清点出各个传动齿轮的齿数。
b. 运用所学知识,完成各挡位的传动比计算,并将结果填在表 5-4 中。

传 动 比 记 录 表　　　　　　　　　　　　　　　　　　　　　　　表 5-4

挡位	1 挡	2 挡	3 挡	4 挡	5 挡	6 挡	倒挡
传动比							

③验证传动比。
a. 验证 1 挡传动比时,先将换挡拨叉挂到 1 挡,然后将输入轴和输出轴分别做记号,转动输入轴,观察输入轴转多少圈才能使输出轴转 1 圈。例如,当输入轴转 4 圈,输出轴转 1 圈时,则传动比为 4:1。
b. 其他各挡位以此类推,并完成表 5-5。

传动比验证记录表　　　　　　　　　　　　　　　　　　　　　　　表 5-5

挡位	计算的传动比	验证的传动比	是否一致	原因分析
1 挡			□是　□否	
2 挡			□是　□否	
3 挡			□是　□否	
4 挡			□是　□否	
5 挡			□是　□否	
6 挡			□是　□否	
倒挡			□是　□否	

8. 换挡机构是保证驾驶人根据使用条件将变速器换入某个挡位的重要装置。在拆卸之前,应该先认识换挡机构。

根据图5-14,查找维修资料,将表5-6补充完整。

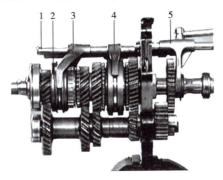

图5-14 换挡机构元件

换挡机构元件的名称与作用　　　　　　　　　　　　　　　　　　　　　表5-6

序　号	名　称	作　用
1		
2		
3、4、5	换挡拨叉	用来拨动接合套,使换挡顺利进行

9. 当汽车出现换挡困难时,为了排查是否是换挡机构出现问题,对其进行检查之前需要进行拆卸,该如何操作?

小提示

在拆卸换挡机构之前,应先检查各个挡位换挡是否顺畅。

(1)如图5-15所示,将中间板固定在台虎钳上。如图5-16所示,使用专用星形匙拆下直螺塞,用磁棒取出弹簧和钢球。

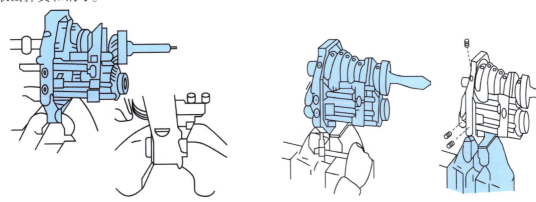

图5-15　固定中间板　　　　　　　　　　图5-16　拆下直螺塞

(2)如图5-17所示,使用2把螺丝刀和1把锤子敲出换挡叉轴的弹簧卡环。

(3)如图5-18所示,用冲子和锤子敲出带槽的弹簧销。

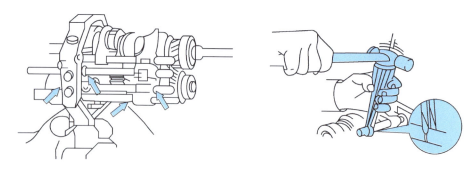

图5-17 拆下卡环

（4）如图5-19所示，从5挡、倒挡换挡头取下钢球和5挡换挡叉轴。

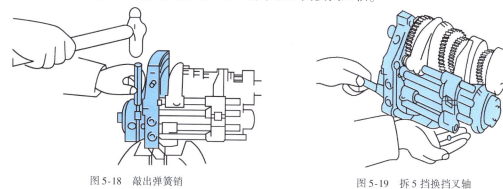

图5-18 敲出弹簧销　　　　　　　图5-19 拆5挡换挡叉轴

（5）如图5-20所示，用磁棒取出5挡与倒挡换挡叉轴之间的互锁球。

（6）如图5-21所示，使用销冲子敲出倒挡换挡叉轴上的弹簧销，并取下倒挡换挡叉轴和倒挡换挡臂。

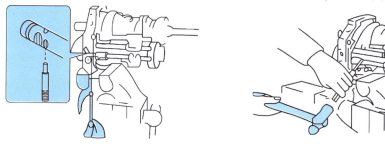

图5-20 拆互锁球　　　　　　　图5-21 敲出弹簧销

（7）如图5-22所示，用磁棒取下倒挡换挡轴与3、4换挡叉轴之间的互锁销。

（8）如图5-23所示，使用冲子和锤子从3、4挡换挡叉上敲出带槽弹簧销。

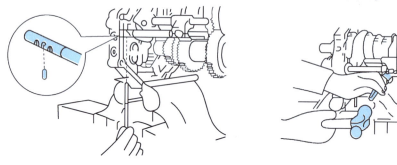

图5-22 拆互锁销　　　　　　　图5-23 敲出带槽弹簧销

（9）如图5-24所示，取下换挡轴叉轴，同时用磁棒取出3、4挡换挡轴与1、2挡换挡轴之间的钢球。

（10）如图 5-25 所示，拆下 1、2 挡换挡叉上固定螺栓和 1、2 挡换挡叉轴。

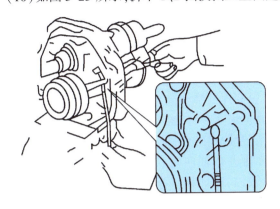

图 5-24　取下换挡轴叉轴

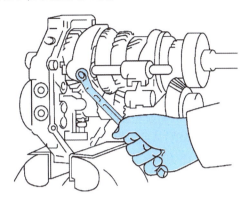

图 5-25　拆固定螺栓

10. 为了保证手动变速器能够准确无误的挂入所选定挡位，并安全可靠的工作，手动变速器应安装有定位锁止装置，其目的是保证不能同时挂两个挡、防止自动脱挡和误挂入倒挡，那么换挡机构的互锁和自锁装置是如何实现这些功能的？

（1）汽车在行驶过程中，能否同时挂入两个挡？假设图 5-12 所示的手动变速器在行驶过程中同时挂入两个挡位，分析会对变速器产生怎样的影响？并阐明原因。

（2）手动变速器利用互锁装置实现换挡时不能同时挂入两个挡位，那么互锁装置如何工作？有哪些作用？

①作用：防止两个拨叉轴同时移动，即当拨动一根拨叉轴使其轴向移动时，其他拨叉轴都被锁止在空挡的位置，从而可以防止。

②类型：目前广泛应用的互锁装置主要有_____式（图 5-26）和互锁滑块两大类型。

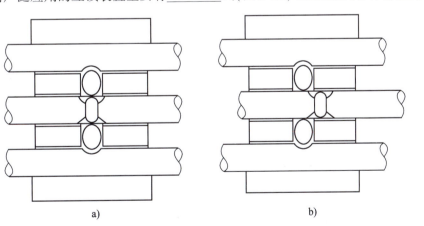

图 5-26　拨叉轴互锁装置工作原理图

③工作原理：当变速器处于空挡时，所有拨叉轴的侧面凹槽同钢球在同一条直线上，如图 5-26a）所示；当移动中间拨叉轴时，轴两侧的两个钢球被挤出，外钢球分别嵌入两侧拨叉轴凹槽中，从而将中间拨

叉轴两侧的两个轴锁止在其空挡位置,如图5-26b)所示。

(3)汽车变速器在前进挡行驶过程中,能否自动脱挡?没有自锁装置对变速器有何影响?自锁装置是如何控制的?

①自锁装置作用:对各挡拨叉轴进行轴向定位锁止,以防其自动产生轴向移动而造成自动挂挡或自动脱挡,自锁装置能保证轮齿以全齿宽啮合,防止自动脱挡现象的发生。

②自锁装置对变速器性能的影响:挂挡过程中,若操纵变速杆推动拨叉前移或后移的距离不足时,则接合套与相应的从动齿轮将不能以全齿宽啮合;即使达到全齿宽啮合,也可能由于车身振动等原因,引起接合套的轴向移动,从而导致齿的啮合长度减小,严重时完全脱离啮合,即自动脱挡。

③工作原理:自锁装置都是采用定位钢球对拨叉轴进行轴向定位锁止的。如图5-27a)所示,每根拨叉轴的上表面分布有_____(1,2,3)个凹槽。当进行换挡时,驾驶人通过变速杆对拨叉轴施加一定的轴向力,拨叉轴克服弹簧的压力将自锁钢球从拨叉轴凹槽中挤出,如图5-27b)所示,拨叉轴便可滑过钢球进行轴向移动,并带动拨叉及相应的接合套轴向移动;当拨叉轴移至其另一凹槽正对钢球时,钢球被压入凹槽,如图5-27c)所示,此时拨叉轴所带动的接合套便被拨入空挡或另一工作挡位。

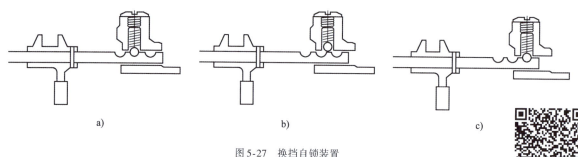

图5-27 换挡自锁装置

(4)汽车在前进过程中,采用何种装置来预防误挂倒挡,它是怎样工作的?

①根据所学的知识,分析前进中误挂倒挡将对车辆产生何种影响?应采用何种装置来预防这种事故的发生?

②工作原理:倒挡自锁装置由1挡和倒挡(5挡变速器)拨块中的锁销和弹簧组成,如图5-28所示。锁销杆部装有弹簧,杆部右端的螺母可以调整弹簧的预压力和锁销的长度。欲挂倒挡(或1挡)时,须用较大的力向一侧摆动变速杆,推动倒挡锁销压缩弹簧后,变速杆下端进入拨块才能实现换挡。只要挂入倒挡,其拨叉轴就接通装在变速器壳上的倒挡开关,使警告灯亮和报警器响,从而有效地防止误挂倒挡。

11. 换挡机构出现问题将容易导致汽车出现脱挡等故障,需要对换挡机构进行检查,应如何进行检查?

(1)各拨叉轴定位凹槽处的磨损检查。

如图5-29所示,检查拨叉轴定位凹槽处的磨损。若磨损严重,会影响定位,应及时更换拨叉轴。

(2)换挡拨叉间隙的检查。

使用游标卡尺测量拨叉的厚度及接合套的宽度,如图5-30所示,间隙$C = A - B$,将测量数值填写在表5-7中。

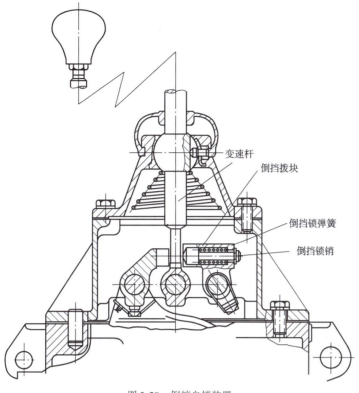

图 5-28 倒挡自锁装置

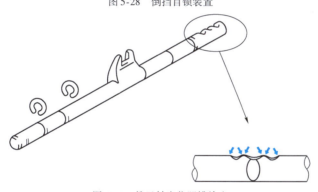

图 5-29 拨叉轴定位凹槽检查

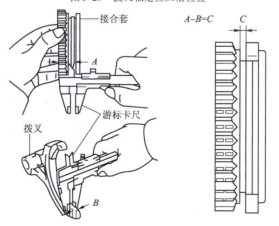

图 5-30 间隙的检查

检测数据记录表　　　　　　　　　表5-7

换挡拨叉间隙	接合套宽度 A(mm)	拨叉厚度 B(mm)	间隙 C(mm)	标准间隙(mm)
1-2 挡换挡				1.0
3-4 挡换挡				1.0
5 挡换挡				1.0

(3)检查结论:

  12. 在挂 5 挡时,手动变速器出现异响,为了排查手动变速器的齿轮和轴是否出现问题,需要拆卸手动变速器的齿轮和轴,应如何拆卸?

(1)如图 5-31 所示,使用 2 把一字螺丝刀和 1 把锤子敲出弹簧卡簧,拆下 5 挡齿轮花键片、同步环、滚针轴承和 5 挡中间轴齿轮。

(2)如图 5-32 所示,使用专用工具 SST 拆下 5 挡齿轮花键片,取下同步环、滚针轴承和 5 挡齿轮。

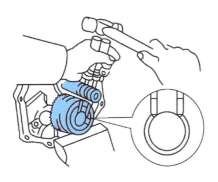 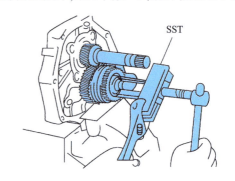

图 5-31　敲出弹簧卡簧　　　　　　　　图 5-32　拆下 5 挡齿轮花键片

(3)如图 5-33 所示,拆下隔套和钢球。

(4)如图 5-34 所示,拆下倒挡换挡臂托架。

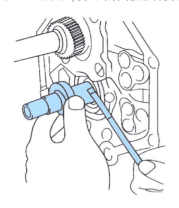 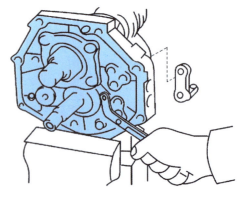

图 5-33　拆隔套　　　　　　　　　　　图 5-34　拆托架

(5)如图 5-35 所示,拆下倒挡惰轮和倒挡轴。

① 拧下倒挡惰轮轴挡块固定螺栓。

②拆下倒挡轴和齿轮。

(6) 如图5-36所示，拆下后轴承护盖。

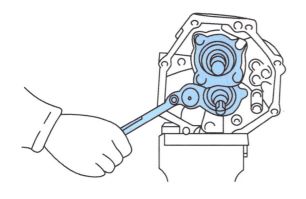

图5-35　拆倒挡轴　　　　　　　　　图5-36　拆护盖

(7) 如图5-37所示，拆下中间轴后轴承卡簧。

(8) 如图5-38所示，使用SST拉出中间轴后轴承，取下中间轴。

(9) 如图5-39所示，拆下输入轴。

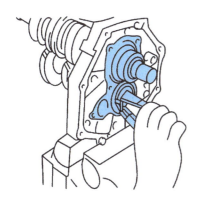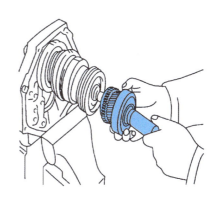

图5-37　拆轴承卡簧　　　　图5-38　拉轴承　　　　图5-39　拆输入轴

(10) 如图5-40所示，使用卡簧钳拆下输出轴后轴承弹簧卡簧。

(11) 如图5-41所示，抓住输出轴并用塑料锤子敲中间板，从中间板上拆下输出轴。

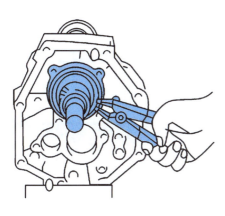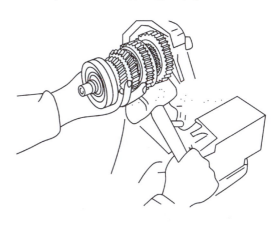

图5-40　拆弹簧卡簧　　　　　　　　图5-41　拆输出轴

13. 同步器是手动变速器换挡过程中必不可少的部件,其作用有:使转速不同的齿轮实现同步转速,以免在同步之前产生冲击;将要啮合的齿轮有效地锁定在一起,最终实现无冲击换挡。那么同步器是如何工作的?若同步器损坏将对汽车换挡有哪些影响?

(1)无同步器的车辆换挡有哪些缺点,可以采取哪些改进措施?

缺点:无同步器的车辆换挡_____(复杂/简单),也易造成疲劳。

改进措施:手动变速器均采用同步器这种装置以保证挂挡平顺,又使操作简单,减轻驾驶人的劳动强度。

(2)同步器是怎样进行工作的?

①根据图5-42,参考相关资料,将表5-8补充完整。

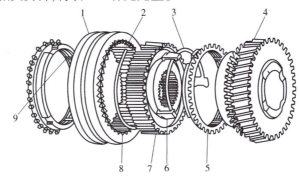

图5-42 同步器

同步器零件的名称　　　　　　　　　　　　　　　　表5-8

序号	名　称	序号	名　称	序号	名　称
1	同步器接合套	4	换挡齿轮	7	
2		5		8	
3		6		9	锁环螺纹槽

②查阅相关维修资料,叙述同步器的工作原理?

③观察同步器的锁环齿及接合套内花键齿是否加工成倒锥角,请查阅相关资料,分析倒锥角对换挡平顺有何作用?如果倒锥角磨损,对换挡有何影响?

④锁环锥面的细牙螺纹沟槽有哪些作用?

⑤同步器损坏对车辆有什么影响?

14. 当汽车出现换挡困难、换挡异响、齿轮自动脱挡和变速杆振动等故障现象时,为了排查是否是同步器出现问题,需要对其进行检查,应如何进行检查?

同步器的检查:

(1)同步器锁环的外观目检,如图5-43所示。

①锁环内表面凹槽有无磨损。　　　　　　　　　　　　　　　□有　　　□无

②同步器锁环内表面有无擦伤或机械损坏。　　　　　　　　□有　　　□无

（2）同步器锁环间隙的检查，如图 5-44 所示。

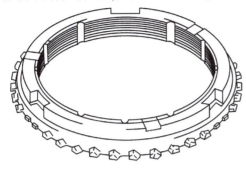

图 5-43　同步器锁环的外观目检

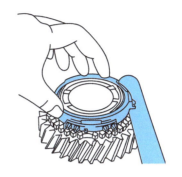

图 5-44　锁环间隙的检查

将同步环压在与之相配的齿轮的锥面上，用塞尺检查同步环与齿轮之间的端面间隙。

（3）同步器锁环运行检查，如图 5-45 所示。

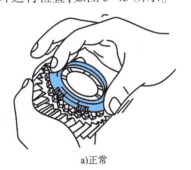

a）正常

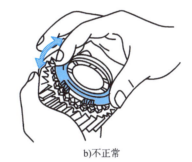

b）不正常

图 5-45　同步器锁环运行检查

用手按压同步器锁环使其与齿轮锥面装在一起，以确保用力转动时，同步器锁环不能滑动。

15. 当手动变速器出现异响时，为了排查是否是输入轴总成出现问题，需要拆卸输入轴总成，通过对其进行检查来确定故障部位，而后进行维修与装配，该如何进行拆卸、检查与装配？

1）输入轴（第 1 轴）总成的分装图

输入轴（第 1 轴）总成的分解与装配，可按如图 5-46 所示的顺序进行。

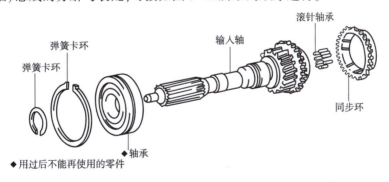

图 5-46　输入轴总成的分装图

2）输入轴（第 1 轴）零件的检查

（1）同步器的检查。

将检查结果填写在表 5-9 中。

同步器检查结果记录　　　　　　　　　　表 5-9

检 查 零 件	检 查 项 目	检 查 结 果	标准值(mm)	维 修 建 议
同步器	外观目检			
	间隙检查		1.0～2.0 最小间隙:0.8	
	运行检查		压紧不能转	

（2）齿轮与轴承的检查。
①齿轮有无剥落、斑点。　　　　　　　　　　　　　　　□有　　□无
②轴承有无剥落、松旷。　　　　　　　　　　　　　　　□有　　□无

拆卸后重新装复时,因轴承已使用一段时间,应更换新轴承。

16. 当由于轴承损坏导致手动变速器出现异响时,需要更换轴承,应如何更换?

（1）在什么情况下需要更换轴承?
经检查发现轴承出现磨损过大、滚珠轴承架断裂、变形、缺口、铆钉拔销等故障,应更换新轴承。
（2）更换轴承有哪些步骤?
①使用弹簧卡环钳子,拆下弹簧卡环。
②如图 5-47 所示,使用压床拆下轴承。
③如图 5-48 所示,使用压床和 SST,装上新轴承。

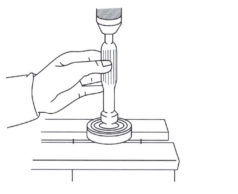
图 5-47　拆下轴承

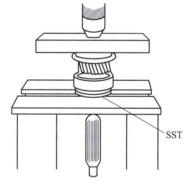
图 5-48　装上新轴承

④参考维修手册,选择合适的弹簧卡环以达到最小的轴向间隙。
⑤使用弹簧卡环钳子装上弹簧卡环。

17. 当手动变速器出现异响时,为了排查是否是输出轴总成出现问题,需要拆卸输出轴总成,通过对其进行检查来确定故障部位,而后进行维修与装配,应如何进行拆卸、检查与装配?

1）第 2 轴(输出轴)总成的分装图
第 2 轴(输出轴)总成的分解与装配,可参照图 5-49 所示的顺序进行。

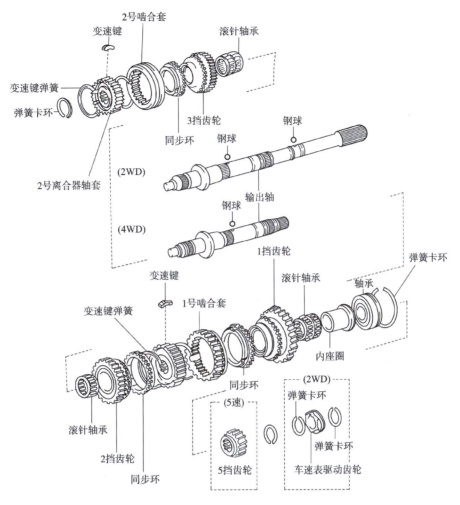

图 5-49 第 2 轴(输出轴)总成的分装图

2) 第 2 轴(输出轴)总成的分解

(1) 如图 5-50 所示,拆下车速表驱动齿轮。

①使用弹簧卡环钳子拆下弹簧卡环。

②拆下车速表驱动齿轮和钢球。

③使用磁棒取下钢球。

④使用弹簧卡环钳子拆下弹簧卡环。

(2) 如图 5-51 所示,拆下 5 挡齿轮、后轴承、1 挡齿轮、内座圈和滚针轴承。

①使用 2 把螺丝刀、1 把锤子敲下弹簧卡环。

②使用压床拆下 5 挡齿轮后轴承、1 挡齿轮和内座圈。

③拆下滚针轴承。

(3) 拆下同步器。

(4) 使用磁棒拆下锁球。

(5) 如图 5-52 所示,拆下 1 号啮合套部件、同步环、2 挡齿轮和滚针轴承。

①使用压床拆下 1 号啮合套、同步环和 2 挡齿轮。

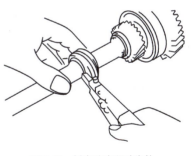

图 5-50 拆车速表驱动齿轮

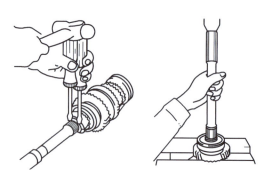

图 5-51　拆下 5 挡齿轮

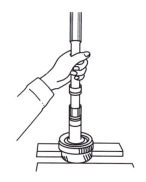

图 5-52　拆 2 挡齿轮和滚针轴承

②拆下滚针轴承。

（6）如图 5-53 所示，从 1 号离合器轴套上拆下 1 号啮合套、变速键和弹簧。

使用螺丝刀从 1 号离合器轴套上拆下 3 个变速键和 2 根弹簧。

（7）如图 5-54 所示，拆下 2 号啮合套总成、同步环、3 挡齿轮滚针轴承。

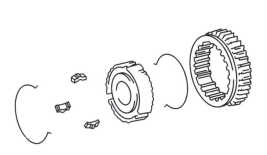

图 5-53　拆下 1 号啮合套

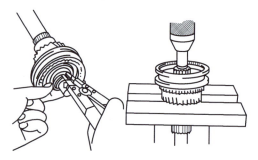

图 5-54　拆下 2 号啮合套总成

①使用弹簧卡环钳子拆下弹簧卡环。
②使用压床拆下 2 号啮合套、同步环和 3 挡齿轮。
③拆下滚针轴承。

（8）从 2 号离合器轴套上拆下 2 号啮合套、变速键和弹簧。

3）输出轴（第 2 轴）总成部件的检查

（1）齿轮轴向间隙和径向间隙的检查。

①测量每个齿轮的轴向间隙，如图 5-55 所示。
②使用百分表测量每个齿轮的径向间隙，如图 5-56 所示。

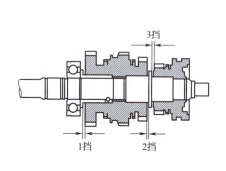

图 5-55　测量齿轮轴向间隙

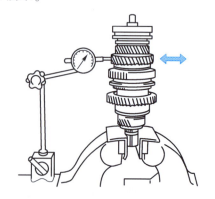

图 5-56　测量齿轮径向间隙

小提示

齿轮的轴向间隙是指齿轮沿齿轮轴方向测的间隙；齿轮的径向间隙是指沿齿轮直径方向测的间隙。

将上述的数据填写在表 5-10 中，并提出你的维修建议。

检测数据记录表　　　　　　　　　表 5-10

检查项目	测量尺寸	标准数据（mm）	最大间隙（mm）	维修建议
1 挡齿轮轴向间隙		0.10～0.25	0.25	
1 挡齿轮径向间隙		0.009～0.032	0.032	
2 挡齿轮轴向间隙		0.10～0.25	0.25	
2 挡齿轮径向间隙		0.009～0.033	0.033	
3 挡齿轮轴向间隙		0.10～0.25	0.25	
3 挡齿轮径向间隙		0.009～0.033	0.033	

（2）输出轴和内座圈的检查。

①如图 5-57 所示，使用游标卡尺测量输出轴凸缘厚度。

②如图 5-58 所示，使用游标卡尺测量内座圈凸缘厚度。

③如图 5-59 所示，使用千分卡尺测量输出轴轴颈外径。

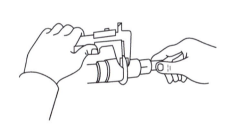　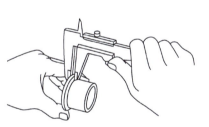　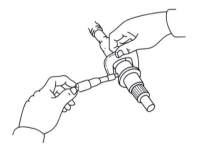

图 5-57　测量输出轴凸缘厚度　　　图 5-58　测量内座圈凸缘厚度　　　图 5-59　测量输出轴轴颈外径

④如图 5-60 所示，使用千分卡尺测量内座圈的外径。

⑤如图 5-61 所示，使用百分表检查轴的径向摆差。

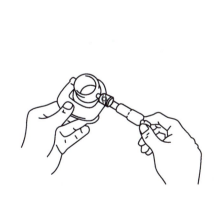　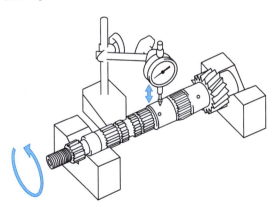

图 5-60　测量内座圈外径　　　　　图 5-61　检查轴的径向摆差

将上述的数据填写在表 5-11 中,并提出你的维修建议。

检测结果记录表 表 5-11

检查项目	测量尺寸	标准数据(mm)	最大间隙(mm)	维修建议
输出轴凸缘厚度		最小厚度:4.80		
内座圈凸缘厚度		最小厚度:3.99		
输出轴轴颈外径(2 挡)		2 挡齿轮:37.984		
输出轴轴颈外径(3 挡)		3 挡齿轮:34.984		
内座圈外径		最小直径:38.985		
轴的径向摆差		最大径向摆差:0.05		

(3)同步器的检查,完成表 5-12。

检测数据记录表 表 5-12

零件	检查项目	检查结果	标准值(mm)	维修意见
同步器	外观目检		—	
	间隙检查		1.0~2.0 最小间隙:0.8	
	运行检查		压紧不能转	

(4)接合套和毂套的检查。

①外观目检。

接合套和毂套花键是否有擦伤或其他机械损坏。　　□有　　□无

②如图 5-62 所示,检查接合套和毂套滑动性能。

接合套和毂套滑动是否顺畅。　　　　　　　　　　□是　　□否

4)第二轴(输出轴)总成部件的装配

(1)如图 5-63 所示,将 1 号和 2 号离合器轴套装入啮合套。

图 5-62　检查接合套和毂套滑动性能

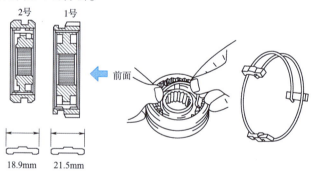

图 5-63　将离合器轴套装入啮合套

①将离合器轴套和变速键装入啮合套。

②在变速键下面安装变速键弹簧。

小提示

安装时,键弹簧的端部开口不能对齐在一条直线上。

(2)如图 5-64 所示,将 3 挡齿轮和 2 号啮合套装到输出轴上。

①在轴及滚针轴承上涂敷齿轮油。

②将同步环放在齿轮上,并将同步环槽口与变速键对齐。
③将滚针轴承装入3挡齿轮。
④使用压床装上3挡齿轮和2号啮合套。
(3)安装弹簧卡环。
选择一个使轴向间隙最小的弹簧卡环,并将其装在轴上。
(4)测量3挡齿轮的轴向间隙。
使用塞尺测量3挡齿轮轴向间隙为:_____。
标准间隙:0.10~0.25mm;最大间隙:0.25mm。
(5)安装2挡齿轮和1号啮合套,如图5-65所示。

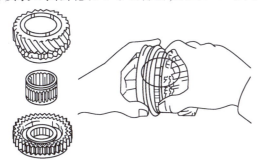

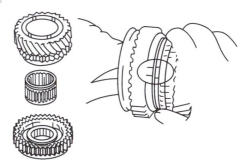

图5-64　3挡齿轮和2号啮合套装到输出轴　　　　图5-65　安装2挡齿轮和1号啮合套

①在轴和滚针轴承上涂敷齿轮油。
②将同步环放在该齿轮上,并将环槽口与变速键对正。
③将滚针轴承装进2挡齿轮中。
④如图5-66所示,使用压床安装2挡齿轮和1号啮合套。
(6)测量2挡齿轮的轴向间隙。
使用塞尺测量2挡齿轮轴向间隙为:_____ mm。
标准间隙:0.10~0.25mm;最大间隙:0.25mm。
(7)安装锁球和1挡齿轮部件。
①如图5-67所示,将锁球装入轴内。
②在滚针轴承上涂敷齿轮油。
③装配齿轮、同步环、滚针轴承和轴承内座圈。
④将部件安装在输出轴上,使同步环槽口与变速键对齐。
⑤如图5-68所示,转动内座圈使之对齐锁球。

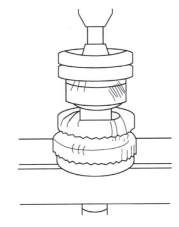

图5-66　使用压床安装2挡齿轮和1号啮合套

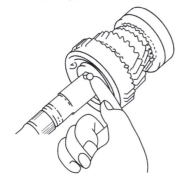

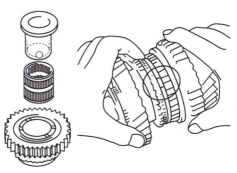

图5-67　锁球装入轴内　　　　图5-68　内座圈与锁球对齐

(8)安装输出轴后轴承,如图5-69所示。
使用SST和压床将轴承安装在输出轴上,使外座圈弹簧卡环的槽朝向尾部。

> **小提示**
>
> 握住1挡齿轮内座圈,不得使其跌落,以防损坏零件。

(9)如图5-70所示,使用SST和压床安装5挡齿轮。

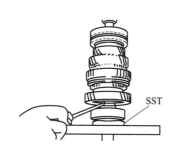

图5-69 安装输出轴后轴承

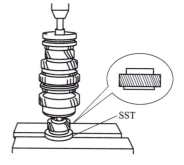

图5-70 安装5挡齿轮

(10)安装弹簧卡环。
①选择一个使轴向间隙最小的弹簧卡环。
②使用螺丝刀和锤子轻轻敲入弹簧卡环。
(11)测量1挡齿轮的轴向间隙。
使用塞尺测量1挡齿轮轴向间隙为:_____ mm。
标准间隙:0.10~0.25mm;最大间隙:0.25mm。
(12)安装车速表驱动齿轮。
①使用弹簧卡环钳子装上弹簧卡环。
②装上锁球和驱动齿轮。
③使用弹簧卡环钳子装上弹簧卡环。

18. 当手动变速器出现异响时,为了排查是否是中间轴总成和倒挡惰轮出现问题,需要拆卸中间轴总成和倒挡惰轮,通过对其进行检查来确定故障部位,而后进行维修与装配,该如何进行拆卸、检查与装配?

1)中间轴总成和倒挡惰轮分装图
中间轴总成和倒挡惰轮的分解与装配,可按照如图5-71所示顺序进行。
2)中间轴齿轮部件的分解(图5-72)
使用螺丝刀拆下3号啮合套,3个变速键和2个弹簧。
3)中间轴齿轮部件的检查
(1)如图5-73所示,测量中间轴5挡齿轮的径向间隙。
①在中间轴齿轮上装上隔套、滚针轴承和中间轴5挡齿轮。
②使用百分表测量中间轴5挡齿轮的径向间隙。
(2)检查中间轴齿轮。
如图5-74所示,使用游标卡尺测量滚针轴承座圈的外径。

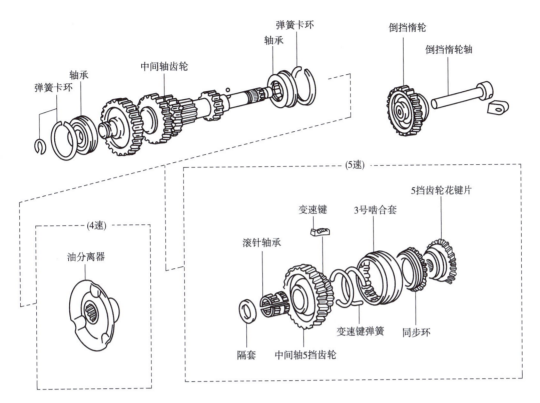

图 5-71　中间轴总成和倒挡惰轮分装图

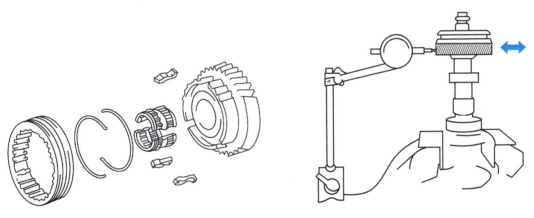

图 5-72　中间轴齿轮部件的分解　　　　图 5-73　测量中间轴 5 挡齿轮的径向间隙

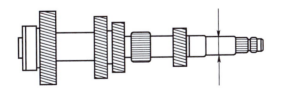

图 5-74　测量滚针轴承座圈的外径

(3) 检查同步器。

(4) 使用塞尺测量换挡叉和啮合套之间的间隙。

将上述的数据填写在表 5-13 中,并提出相应的维修建议。

检测数据记录表 表5-13

检查项目	测量尺寸	标准数据(mm)	极限尺寸(mm)	维修建议
5挡齿轮的径向间隙		0.009~0.032	最大间隙:0.032	
中间轴承座圈的外径		25.98~26.00	25.86	
同步器外观目检	—	—	—	
同步器运行检查			压紧不能转	
同步器间隙检查		1.0~2.0	最小间隙:0.8	
换挡叉和啮合套			最大间隙:1.0	

4) 中间轴齿轮部件的装配(图5-75)

安装3号啮合套、变速键和弹簧。

(1) 将离合器轴套和变速键装到啮合套上。

(2) 在变速键下面安装变速键弹簧。

5) 倒挡惰轮的检查

(1) 如图5-76所示,使用百分表测量倒挡惰轮的径向间隙。

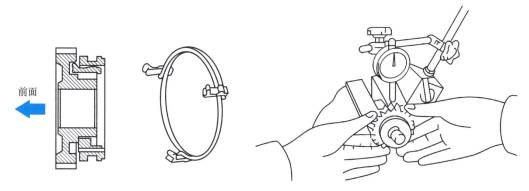

图5-75 中间轴齿轮部件的装配　　图5-76 测量倒挡惰轮的径向间隙

(2) 如图5-77所示,使用塞尺测量倒挡惰轮和换挡臂蹄之间的间隙。

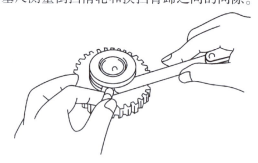

图5-77 测量倒挡惰轮和换挡臂蹄之间的间隙

将检查结果填写在表5-14。

检测数据记录表 表5-14

项目	测量尺寸	标准数据(mm)	极限尺寸(mm)	维修建议
倒挡惰轮的径向间隙		0.04~0.08	最大间隙:0.13	
倒挡惰轮和换挡臂蹄之间的间隙		0.05~0.27	0.5mm	

19. 完成手动变速器的检修后,如何进行手动变速器的装复以及装复后的质量检查?

(1)按照与拆卸相反的顺序进行手动变速器的装复,并记录主要安装步骤。
主要安装步骤:

小提示

在安装变速器壳体前请挂各个挡位,检查进挡是否顺畅,转动输入轴,检查各挡位是否正常。

(2)进行装复后的质量检查。
①检查变速器是否完全装复完整。　　　　　　　　　　　□ 任务完成
②检查变速器与台架是否连接完好。　　　　　　　　　　□ 任务完成
③检查变速器油是否足够,如果不足,请补充。　　　　　□ 任务完成
④连接好电源。　　　　　　　　　　　　　　　　　　　□ 任务完成
⑤检查变速器的换挡情况,感觉是否灵活自如,运转正常。　□ 是　　□ 否
⑥拨动杆、拨叉应能自由移动和转动。　　　　　　　　　□ 是　　□ 否
如果很费力才能拨动拨叉,应检查哪些部件?

⑦检查变速器运转过程是否有漏油或其他异常现象。　　　□ 是　　□ 否
⑧如果油封已经损坏,要注意更换新件,并注意安装相应的油封。□ 是　□ 否
⑨检查自锁及互锁装置是否正常。　　　　　　　　　　　□ 正常　□ 不正常
⑩检查里程表传动齿轮的工作是否正常。　　　　　　　　□ 正常　□ 不正常

三、评价反馈

1. 使用(维修)案例分析
运用所学知识,试分析案例中手动变速器的故障。
(1)阅读案例,完成下面问题。
故障现象:某卡罗拉轿车换挡时费力,行车时各挡位出现无规律自动脱挡现象,行驶里程:183500km。
某维修技术人员认为应该按以下步骤进行维修:
①检查换挡操纵机构,没有松旷和干磨现象。
②观察变速器油面偏低且变速器油已变质。
③试车,发现变速器无异响,但行驶时有脱挡现象,根据试车结果,分析造成该现象的原因主要是变速器内部出现故障。
④更换选挡换挡轴(带卡槽元件)及锁止装置。
⑤检查换挡锁止机构,发现钢球表面严重磨损变形,导致其体积变小并从球座脱出,选挡换挡轴卡槽磨损严重。
⑥检查变速器同步器。
⑦检查齿轮及轴是否严重磨损。

⑧更换变速器油。
⑨试车,检验维修质量,故障排除。
请分析造成自动脱挡的原因有哪些?

运用所学知识,分析该维修技术人员的维修步骤是否合理?如果不合理,应如何改进?并阐明原因。

(2)假设某客户反映其车辆的手动变速器没有3挡和4挡,在进行道路实验时,发现在挂入1挡、2挡、5挡和倒挡时都正常,挂入3挡和4挡时被卡住,请分析导致该故障的原因有哪些?如果进行解体维修,需要检查哪些零件?

2. 学习自测题
(1)下列哪个齿轮传动比表示超速?(　　)
　　A.2.15:1　　　　　B.1:1　　　　　C.0.85:1　　　　　D.以上都不对
(2)变速器的作用是根据汽车的不同行驶条件,改变输出轴的(　　)以改变汽车的车速和牵引力。
　　A.扭力和功率　　B.油压和方向　　C.转速和方向　　D.转速和转矩
(3)变速器换挡互锁系统的作用是(　　)。
　　A.防止同时挂两个挡　　　　　　　B.防止误入倒挡
　　C.给驾驶人以换挡的感觉　　　　　D.保持所换的挡位
(4)小齿轮驱动大齿轮时(　　)。
　　A.转速增加,因此转矩变大　　　　B.转速减慢,因此转矩变小
　　C.转速减慢、转矩变大　　　　　　D.转速增加、转矩变小
(5)若主动齿轮为10个齿,而从动齿轮为30个齿,其传动比为(　　)。
　　A.1:3　　　　　B.1:0.3　　　　C.3:1　　　　　D.0.3:1
(6)锁环式同步器中,在同步前,(　　)阻止接合套与接合齿圈接合。
　　A.定位销　　　　B.滑块　　　　　C.锁环　　　　　D.花键毂
(7)主动齿轮齿数为15,从动齿轮齿数为41,输入转矩为150N·m,输出转矩为(　　)N·m。
　　A.55.1　　　　　B.410　　　　　C.423　　　　　D.78
(8)使用比维修手册规定黏度大的润滑油可能导致(　　)。
　　A.跳挡　　　　　B.换挡困难　　　C.齿轮滑移　　　D.齿轮锁止
(9)换挡操纵机构调整不当可能造成(　　)故障。
　　A.异响　　　　　B.换挡困难　　　C.跳挡　　　　　D.以上各项
(10)前进挡和倒挡有噪声,故障可能是(　　)。
　　A.输出轴损坏　　B.输入轴损坏　　C.A和B　　　　D.以上都不是
(11)学生a说:互锁装置保证在换挡时只能移动一根拨叉轴,而同时自动锁住其余拨叉轴;学生b说:互锁装置能保证齿轮以全齿宽啮合,防止自动脱挡现象的发生。请问谁正确?(　　)
　　A.只有学生a正确　　　　　　　　B.只有学生b正确
　　C.a、b均正确　　　　　　　　　　D.a、b均不正确

(12) 同步器锥面磨损,丧失工作能力,会造成变速器( )。
  A. 异响   B. 跳挡   C. 换挡困难   D. 漏油
(13) 前进挡和倒挡有噪声,而空挡没有,原因可能是( )。
  A. 输出轴损坏   B. 输入轴轴承损坏
  C. A 和 B   D. A 和 B 都不可能

3. 维修信息获取练习

查阅相应维修手册,中完成表 5-15 中相关数据的填写。

相 关 数 据   表 5-15

车　　型	查 找 项 目	数　　据
丰田花冠(ZZE 系列)	手动驱动桥油排空后重新加注量(L)	
	自动驱动桥液(U340E)排空后重新加注量(L)	

4. 学习目标达成度的自我检查(表 5-16)

自 我 检 查 表   表 5-16

序号	学 习 目 标	达成情况(在相应的选项后打"√")		
		能	不能	如果不能,是什么原因
1	认识手动变速器的各个组成部分			
2	叙述齿轮变速变扭的原理和手动变速器的功能			
3	叙述换挡操纵机构与同步器的工作原理			
4	在教师指导下,分析手动变速器的动力传递路线			
5	在教师指导下,实施手动变速器的解体维修与装复检查			
6	在教师指导下,对手动变速器的零件进行检查,并独立判断变速器零部件的可用性			

5. 日常表现性评价(由小组长或者组内成员评价)

(1) 工作页填写情况。( )
  A. 填写完整   B. 缺失 0 ~ 20%   C. 缺失 20% ~ 40%   D. 缺失 40% 以上
(2) 工作着装是否规范?( )
  A. 穿着校服(工作服),佩戴胸卡   B. 校服或胸卡缺失一项
  C. 偶尔会既不穿校服又不戴胸卡   D. 始终未穿校服、佩戴胸卡
(3) 能否主动参与工作现场的清洁、整理工作?( )
  A. 积极主动参与 5S 工作
  B. 在组长的要求下能参与 5S 工作
  C. 在组长的要求下能参与 5S 工作,但效果差
  D. 不愿意参与 5S 工作
(4) 是否参与实训?( )
  A. 带头参与实训,引领小组实训   B. 积极配合组内实训
  C. 在教师的要求下参与实训   D. 不愿意参与实训

(5)总体印象评价。(　　)
　　A. 非常优秀　　　　B. 比较优秀　　　　C. 有待改进　　　　D. 急需改进
(6)其他建议：

小组长签名：_____　　　　　　　　　　　　_____年_____月_____日

6. 教师总体评价

(1)对该同学所在小组整体印象评价。(　　)
　　A. 组长负责,组内学习气氛好
　　B. 组长能组织组员按要求完成学习任务,个别组员不能达成学习目标
　　C. 组内有30%以上的学员不能达成学习目标
　　D. 组内大部分学员不能达成学习目标
(2)对该同学整体印象评价：

_____
_____。

教师签名：_____　　　　　　　　　　　　_____年_____月_____日

学习任务 6　主减速器总成修理

学习目标

完成本学习任务后,你应当能:
1. 叙述后轮驱动汽车驱动桥的组成及零部件作用;
2. 叙述差速器的作用及工作原理;
3. 掌握不同类型的驱动轴及驱动轴的固定方式;
4. 在教师指导下,完成分解、检查、装配及调整主减速器的任务;
5. 叙述防滑差速器的工作原理并能识别防滑差速器的类型。

建议完成本学习任务为 14 学时

内容结构

主减速器的作用、组成 —— 主减速器总成修理 —— 拆卸、分解、装配主减速器

差速器的组成、工作原理 —— 主减速器总成修理 —— 主减速器零件的检修

防滑差速器的类型 —— 主减速器总成修理 —— 主减速器的调整

防滑差速器的工作原理 —— 主减速器总成修理 —— 主减速器装复试验检查

学习任务描述

某后轮驱动车辆因主减速器内部故障从而导致驱动桥出现异响,需对主减速器分解检测,确定故障部位,并对其进行维修或更换。

主减速器总成是驱动桥的重要组成部分,是车辆传动系统不可缺少的部分。在主减速器总成进行大修时,需要对相关零件进行检测,并根据检测结果进行调整、修复或更换,以恢复主减速器正常的技术状况。

一、学习准备

1. 主减速器是传动系统减速增扭的重要装置之一,因此需要了解汽车主减速器有哪些作用?维修时需要知道其安装在哪里?类型有哪些?

1)主减速器的作用

主减速器的作用是通过改变主减速比来增大_____,同时降低_____,并且主减速器在发动机纵置时可以改变转矩的传递方向。

小词典

主减速器的主减速比(又称为主传动比):主动齿轮的转速与从动齿轮的转速之比,即从动锥齿轮与主动锥齿轮(齿圈)齿数比,以下式表示主传动比为:

$$i_{主减速比} = \frac{差速器从动锥齿轮齿数(齿圈齿数)}{差速器主动锥齿轮齿数}$$

汽车的总减速比是指变速器传动比与主减速比的乘积。用公式表示为:

$$i_{总减速比} = i_{主减速器} \times i_{变速器}$$

2)主减速器的安装位置

(1)主减速器安装在驱动桥上,驱动桥主要由_____、_____、半轴和驱动桥壳组成,如图6-1所示。

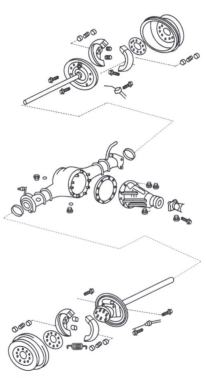

图6-1 驱动桥的组成

(2)用彩笔标注出图6-2中主减速器的安装位置。

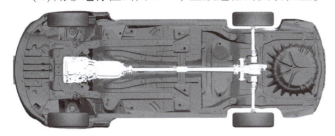
a)前置后驱汽车主减速器安装位置

b)四轮驱动汽车主减速器安装位置

图6-2 主减速器安装位置

3)主减速器的类型

按照参加传动的齿轮副数目,主减速器可分为_____级和_____级两种类型,如图6-3所示。

a)单级主减速器

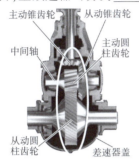
b)双级主减速器(1)

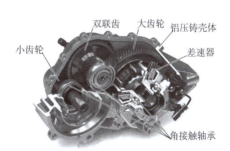
c)双级主减速器(2)

图6-3 主减速器的类型

2. 为了保证各个车轮能以不同的速度行驶(例如转弯时左右驱动轮的速度不同),汽车中设置了差速器,差速器由哪些零部件组成?作用有哪些?差速器是如何实现差速行驶的?

1)差速器的组成

(1)根据图6-4,查询相关资料,将表6-1补充完整。

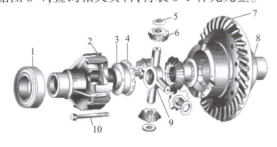
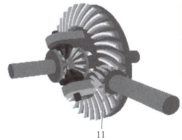

图6-4 差速器的组成

差速器零件的名称　　　　　　　　　　　　　表6-1

序号	名　称	序号	名　称	序号	名　称
1	轴承	5	推力垫圈	9	十字轴
2	左外壳	6		10	螺栓
3	垫片	7		11	
4		8	右外壳		

(2)差速器由差速器壳、_____、行星齿轮轴、_____等组成。

2)差速器的作用

差速器的作用是将主减速器传来的动力传给左、右两半轴,并在_____时允许左、右半轴以_____转速旋转,以满足两侧驱动轮差速的需要,如图6-5所示。

3)差速器的工作原理

(1)汽车直线行驶时的差速器运动。

当汽车正常直线行驶时,行星齿轮只同差速器壳一起绕_____轴线旋转(公转),左、右半轴齿轮角速度相等,此时无差速作用,如图6-6所示。

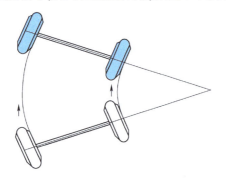

图6-5 差速器的作用

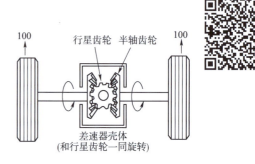

图6-6 直线行驶时的差速器运动

(2)汽车转弯行驶时的差速器运动。

当汽车转弯行驶时,如图6-7所示,两侧车轮所遇到阻力不同,内侧车轮比外侧车轮所遇阻力大,其结果使得行星齿轮顺时针旋转,当行星齿轮除了公转,还要绕自身轴线以某一转速自转时,则左半轴齿轮的转速将在原转速的基础上,重叠一个因行星齿轮自转引起的转速,同时,右半轴齿轮则减去一个大小相同、转向相反的转速,对左右半轴齿轮来说,其转速的总和保持不变。

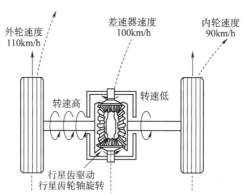

图6-7 转弯行驶时的差速器运动

二、计划与实施

(1)工具、材料和设备:干净的抹布、常用工具、专用工具、磁性座支架百分表和维修手册。

(2)保护性衣物。标准作业着装。

(3)汽车相关信息。

车辆型号(VIN码):_____;号牌:_____;

车型及行驶里程:_____;维修接待意见:_____。

3. 当由于主减速器损坏导致汽车出现异响的故障时,需要对其进行解体维修,解体维修前需要进行就车拆卸主减速器,该如何实施?

(1)如图6-8所示,将车辆举升至合适操作高度。

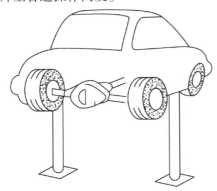

图6-8 举升车辆

(2)检查减速器壳是否有漏油或其他异常现象。　　　　□ 有　　　□ 无

 小提示

举升车辆前必须确保车辆支撑点与升降机接触可靠安全后,方可举升车辆。

(3)如图6-9所示,拆下放油螺塞,将桥壳内的主减速器油排放干净。

图6-9 排放主减速器油

①检查主减速器的油质。　　　　□ 正常　　□ 很黑　　□ 很黑且有杂质

②排放完主减速器油后,用手转动一侧车轮,同时观察另一侧车轮出现何种现象;并运用所学知识分析原因。

 小提示

①排放主减速器油前,观察其各接合面是否有漏油现象。
②排放主减速器油应谨慎操作,要注意油温,避免油温过高烫伤手。

(4)如图6-10所示,将传动轴从后桥上拆下。

解释在拆卸传动轴时,为什么要做配合记号?

(5)如图6-11所示,从制动轮缸(分泵)脱开油管。

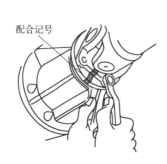
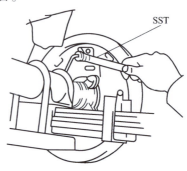

图6-10 拆卸传动轴　　　　　图6-11 拆制动轮缸油管

拆卸油管时,选用的工具是:　　□梅花扳手　　□开口扳手　　□专用的油管扳手

(6)如图6-12所示,拆下驻车制动器拉索。
(7)如图6-13所示,拆下后桥半轴。

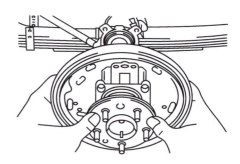

图6-12 拆驻车制动器拉索　　　　　图6-13 拆卸半轴

小提示

①拆卸半轴时,注意不要损坏装在轴管上的半轴油封。
②半轴过紧时,需用专用工具取下半轴。

(8)如图6-14所示,使用专用工具拆卸半轴。
(9)如图6-15所示,拆下主减速器总成。

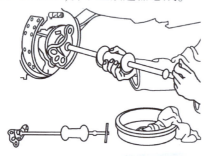
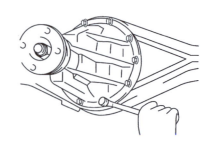

图6-14 拆卸半轴　　　　　图6-15 拆下主减速器总成

拆卸主减速总成时,应选用下列哪些规格的工具:
- □ 12号梅花扳手   □ 12号开口扳手   □ 14号梅花扳手   □ 14号开口扳手
- □ 10号套筒扳手   □ 12号套筒扳手   □ 13号套筒扳手   □ 14号套筒扳手

(10) 如图6-16所示,将主减速器安装到支撑架上。

图6-16 安装主减速器

4. 在分解主减速器之前需要进行哪些基本检查,应如何检查?

(1) 如图6-17所示,对主减速器主动锥齿轮、从动锥齿轮进行外观检查。

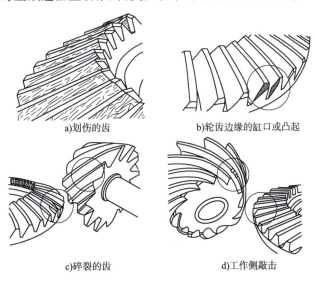

a) 划伤的齿   b) 轮齿边缘的缸口或凸起
c) 碎裂的齿   d) 工作侧敲击

图6-17 主动锥齿轮、从动锥齿轮目检

① 齿轮有无明显划伤。　　　　　　　　　　　　　　□ 有　　□ 无
② 齿轮有无裂纹。　　　　　　　　　　　　　　　　□ 有　　□ 无
③ 齿轮有无剥落。　　　　　　　　　　　　　　　　□ 有　　□ 无

(2) 如图6-18所示,检查接合凸缘的纵向摆差。
(3) 如图6-19所示,检查接合凸缘的横向摆差。
(4) 如图6-20所示,检查从动齿圈的端面摆差。

图6-18 检查接合凸缘纵向摆差

图6-19 检查接合凸缘横向摆差

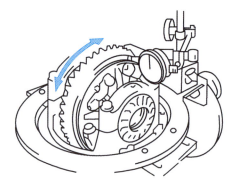
图6-20 检查从动齿圈端面摆差

(5)如图6-21所示,检查从动齿圈的啮合间隙。

在进行啮合间隙检查时,分析并阐述导致测量值比标准值大的原因。

(6)如图6-22所示,检查差速器侧齿轮的啮合间隙。

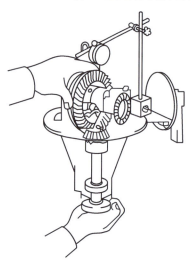

图6-21 检查从动齿圈的啮合间隙

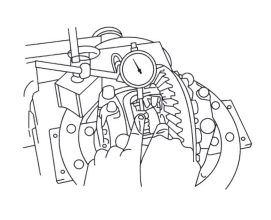

图6-22 检查差速器侧齿轮啮合间隙

在进行差速器侧齿轮啮合间隙检查时,分析并阐述导致测量值比标准值大的原因。

将以上测量的数据填写在表6-2中。

主减速器分解前检测数据   表6-2

检测项目	测量数值(mm)	标准数值(mm)	维修建议
接合凸缘的纵向摆差			
接合凸缘的横向摆差			
从动齿圈端面摆差			
从动齿圈啮合间隙			
差速器侧齿轮啮合间隙			

5.在主减速器和差速器进行拆装过程中,为了避免其零件受到损坏,需要对其进行规范分解,应如何规范分解? 为确定故障部位需对其零部件进行逐一检查,并根据检查结果判断其可用性。

(1)分解主减速器,拆下接合凸缘后用錾子錾松螺母,如图6-23所示。

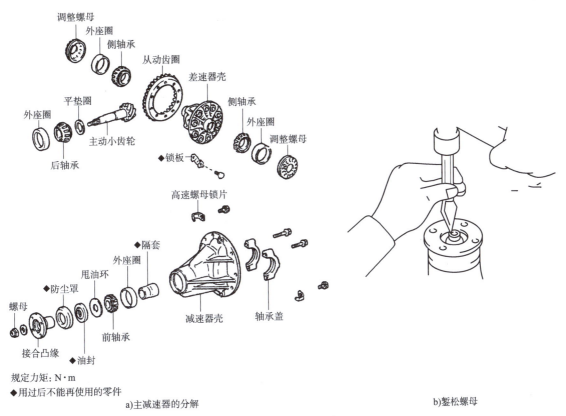

a)主减速器的分解　　　　　　　　　　　　b)錾松螺母

图6-23　拆下凸缘并錾松螺母

 小提示

使用錾子时应注意不要损坏主驱动轴螺纹。

(2)使用SST固定住凸缘,如图6-24所示,拆下螺母。
能否正确选用及使用工具。　　　　　　　　　　　　　　□能　　　□不能

(3)如图6-25所示,拆下前油封。

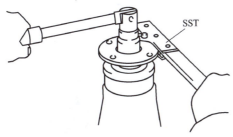

图6-24　拆下螺母

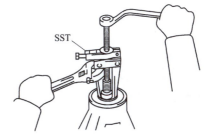

图6-25　拆下前油封

拆下的油封能否继续使用?并说明原因。

(4)如图6-26所示,拆下前轴承,并检查前轴承是否有异常的损坏。　　□有　　□无
如果发现轴承损坏,其相应的座圈正常,更换轴承时需要更换其相应的座圈吗?请阐述原因。

(5)如图6-27所示,拆下轴承盖螺栓,取下差速器总成。
检查拆下的调整螺母螺纹、减速器壳螺纹是否有烂牙及异常的损坏现象。

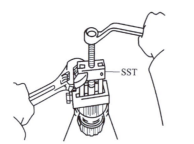

图 6-26　拆下前轴承

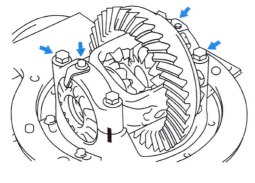
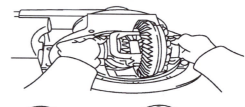

图 6-27　拆下差速器总成

(6) 如图 6-28 所示,拆下主动小齿轮的后轴承。
检查后轴承及减速器壳后轴承座圈有无异常的损坏。　　　□ 有　　　□ 无

 小提示

当轴承损坏时,要连同其相配合的轴承座圈一起更换。

(7) 如图 6-29 所示,拆下从动齿圈。

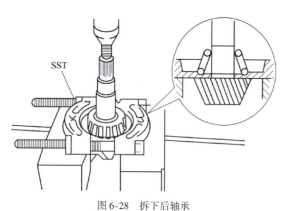
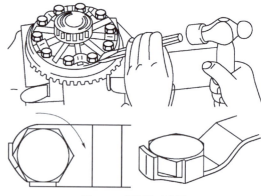

图 6-28　拆下后轴承　　　　　　　　　　图 6-29　拆下从动齿圈

 小提示

　　拆卸齿圈前,应用记号笔在从动齿圈和差速器壳上标上配合记号。拆卸螺栓时,为了平均分配张紧力,应按照对角线顺序,将螺栓依次均匀松开并拆卸。

①如图6-30所示,检查从动齿圈的齿是否有划伤、碎裂、断齿或其他异常现象。

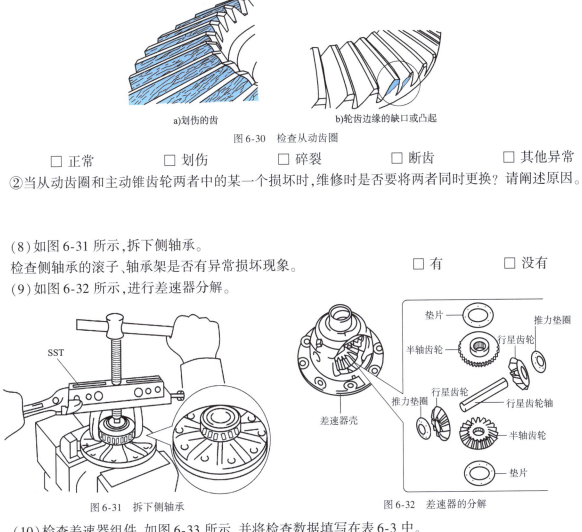

图6-30 检查从动齿圈

□ 正常　　　□ 划伤　　　□ 碎裂　　　□ 断齿　　　□ 其他异常

②当从动齿圈和主动锥齿轮两者中的某一个损坏时,维修时是否要将两者同时更换?请阐述原因。

(8)如图6-31所示,拆下侧轴承。

检查侧轴承的滚子、轴承架是否有异常损坏现象。　　　□ 有　　　□ 没有

(9)如图6-32所示,进行差速器分解。

图6-31 拆下侧轴承　　　图6-32 差速器的分解

(10)检查差速器组件,如图6-33所示,并将检查数据填写在表6-3中。

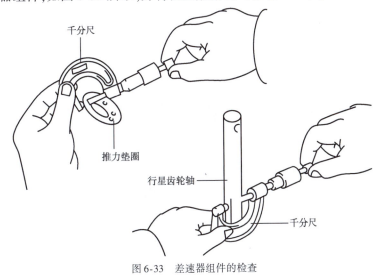

图6-33 差速器组件的检查

①目测检查齿轮是否过度磨损或损坏。　　　　　　□ 有　　　　□ 无
②应该选用哪种量具进行测量？　　　　　　　　　□ 钢直尺　□ 游标卡尺　□ 千分尺

差速器组件的记录表　　　　　　　　　　　　　　　　　　　　　　　　表6-3

测量项目	测量数值（mm）	标准数值（mm）	维修建议
推力垫圈厚度			
行星齿轮轴外径			

 6. 在主减速器和差速器进行重新装配后，为了保证其能够正常运转，需要对其进行规范装配，重新装配时需要对哪些项目进行调整？

（1）如图6-34所示，进行差速器的装配。

（2）如图6-35所示，测量半轴齿轮啮合间隙，并将测量结果填写在表6-4中。

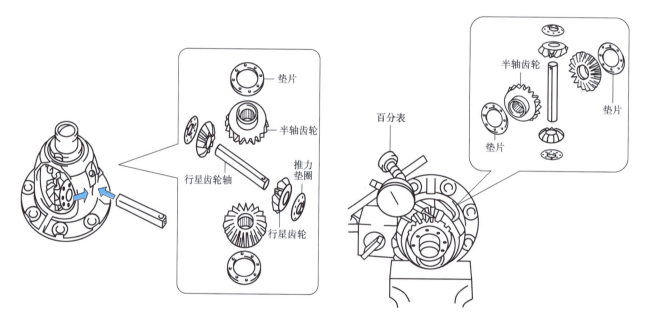

图6-34　差速器的装配　　　　　　　　　　　　图6-35　测量半轴齿轮啮合间隙

半轴齿轮啮合间隙记录表　　　　　　　　　　　　　　　　　　　　　　表6-4

测量项目	测量数值（mm）	标准数值（mm）	维修建议
半轴齿轮啮合间隙			

如果测量的啮合间隙值过大，选择另一个厚度较_____（大/小）的垫片，调整啮合间隙。如果测量的啮合间隙值过小，选择另一个厚度较_____（大/小）的垫片，调整啮合间隙。

（3）如图6-36所示，安装差速器齿圈。

为什么在安装差速器齿圈前要将齿圈加热？齿圈螺栓的标准拧紧力矩是多少？

学习任务6 主减速器总成修理

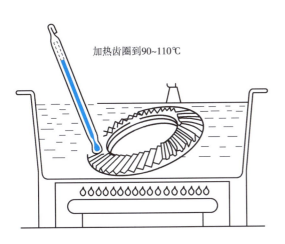

图 6-36 安装差速器齿圈

> **小提示**
>
> 拧紧齿圈螺栓时,应按照对角线顺序,依次均匀拧紧每个螺栓,待齿圈完全冷却后,再按规定力矩拧紧。

(4)如图 6-37 所示,将齿圈螺栓的锁止片锁上。

> **小提示**
>
> 装配时必须使用新的螺栓锁止片。

(5)如图 6-38 所示,安装主驱动齿轮轴的内轴承。

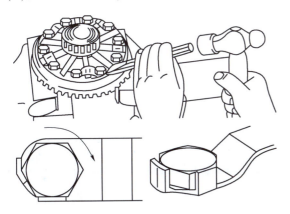
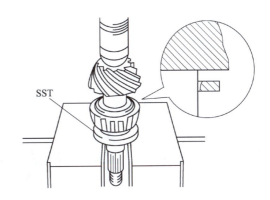

图 6-37 锁紧螺栓锁止片　　　　图 6-38 安装主驱动齿轮轴内轴承

> **小提示**
>
> ①平垫片的倒角应朝向小齿轮。
> ②使用压床安装主驱动齿轮轴的内轴承时,应在压轴承的同时转动轴承,以便检查轴承是否损坏。

(6)如图6-39所示,安装主驱动齿轮轴前轴承、隔套和甩油环。

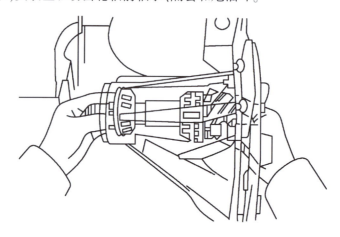

图6-39 安装前轴承、隔套和甩油环

 小提示

安装时应用齿轮油润滑轴承。

(7)如图6-40所示,安装主减速器油封。
(8)如图6-41所示,使用SST安装接合凸缘。

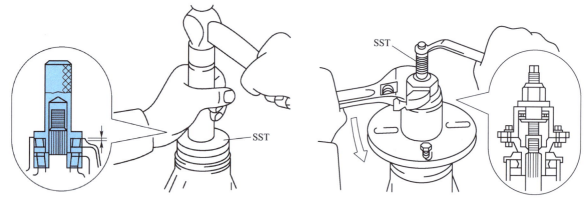

图6-40 安装油封　　　　　　　图6-41 安装接合凸缘

7. 主减速器的主、从动锥齿轮和差速器都是通过轴承支撑在壳体上,轴承能否可靠支撑,影响到其正常工作和使用寿命;而轴承的使用寿命又与轴承的预紧度有很大关系,若预紧力不当将导致轴承过早损坏。应如何对主、从动锥齿轮和差速器的轴承预紧力进行检查与调整?

(1)使用可压缩隔套对主动锥齿轮轴承预紧度进行调整。如图6-42a)所示为可压缩隔套。
①如图6-42b)所示,把专用工具SST连接到凸缘上,按规定力矩拧紧凸缘紧固螺母。
②如图6-42c)所示,用小读数(0~3N·m)的扭力扳手测量主动锥齿轮轴承预紧力。
标准预紧力矩(始动点):
已用过的轴承:0.5~0.8N·m;新轴承:1.0~1.6N·m。
实测的预紧力矩:_____。

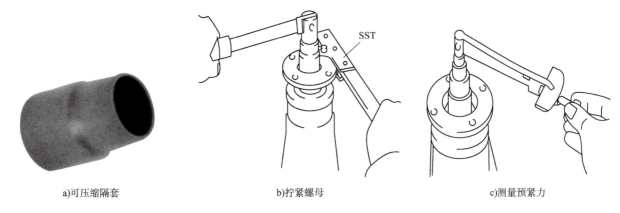

a) 可压缩隔套   b) 拧紧螺母   c) 测量预紧力

图6-42 主动锥齿轮轴承预紧度的检查

（2）如图6-43所示,使用刚性隔套对主动锥齿轮轴承预紧度进行调整。

①将专用工具SST连接到凸缘上,按照规定力矩拧紧凸缘紧固螺母。

②用小读数(0~3N·m)的扭力扳手测量主动锥齿轮轴承预紧力,如图6-42c)所示。

当测量的预紧力矩比标准值大或小时,可以通过增加或减小两轴承间的调整垫片厚度来达到标准值。

（3）如图6-44所示,将差速器总成装到减速器壳上。

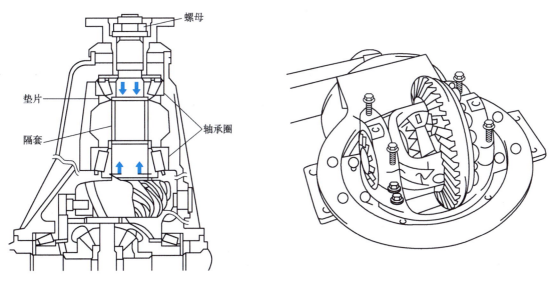

图6-43 主动锥齿轮轴承预紧度调整   图6-44 安装差速器总成

轴承盖螺栓拧紧标准力矩：＿＿＿＿＿＿＿＿＿＿＿＿＿＿＿＿。

 小提示

为保证主减速器正常运转,减速器左右两侧的轴承盖、轴承座圈与调整螺母不得错乱安装。

（4）如图6-45所示,差速器支撑轴承预紧度的检查与调整。

差速器轴承预紧度的检查及调整方法：

①使用工具将轴承盖螺栓拧紧,然后将轴承盖螺栓拧松后再用拧紧；

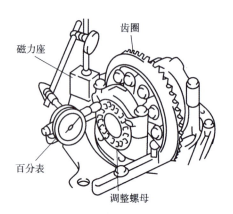

图6-45 轴承预紧度的检查

②使用专用工具将左右两侧的调整螺母均匀拧紧,使主动锥齿轮与从动齿圈的间隙值约为0.2mm（估测值）;

③使用工具将主动小齿轮侧的调整螺母拧紧,然后再拧松调整螺母(使调整螺母离开轴承座圈即可);

④在齿圈背面调整螺母上垂直安装百分表;

⑤上紧主动小齿轮侧调整螺母直至百分表指针移动1~2小格,此时即为轴承的零预紧力状态;

⑥从零预紧力位置开始,将主动小齿轮侧的调整螺母拧紧1~1.5个槽口。

主动锥齿轮轴承、差速器侧轴承的预紧度过紧或过松会有什么影响?

8. 主、从动锥齿轮在工作当中承受很大的交变载荷,因此锥齿轮要有正确的啮合部位,否则将可能导致啮合部位作用在齿轮的某一区域,当传递转矩时会使轮齿的局部受力过于集中,轻则轮齿齿面磨损加剧,重则折断,故在装配中需对啮合印痕进行检查与调整,使之正常,那么应该如何进行检查与调整?

图6-46 啮合印痕的检查

主、从动锥齿轮啮合印痕的检查与调整步骤如下:

(1)如图6-46所示,在齿圈相邻120°三处,每次取2~3个轮齿涂以红丹。

(2)对主动小齿轮略施加压力,而后转动齿圈,观察轮齿上的啮合印痕部位和形状。

(3)查阅维修手册及相关资料,正常的啮合印痕部位应在工作齿面哪处?并在图6-47中画出正常的啮合印痕部位。

(4)用彩笔在图6-48画出检查实物印痕。

对比图6-47、图6-48印痕,判断印痕是否正常。□ 是　　□ 否

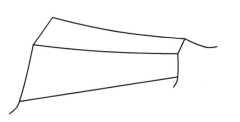

图6-47 正常啮合印痕

图6-48 检查印痕

(5) 查阅相关资料,用彩笔在图 6-49 中画出齿轮工作齿面的大端与小端。

能否在实物中找到齿面的大端与小端相应的部位？　　　　　　　　　□ 能　　□ 不能

(6) 查阅相关资料,用笔在图 6-50 中画出齿轮工作齿面的顶部与根部。

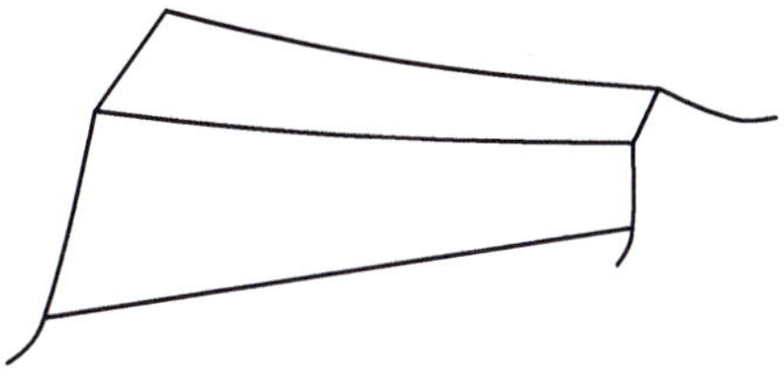

图 6-49　轮齿的大端与小端 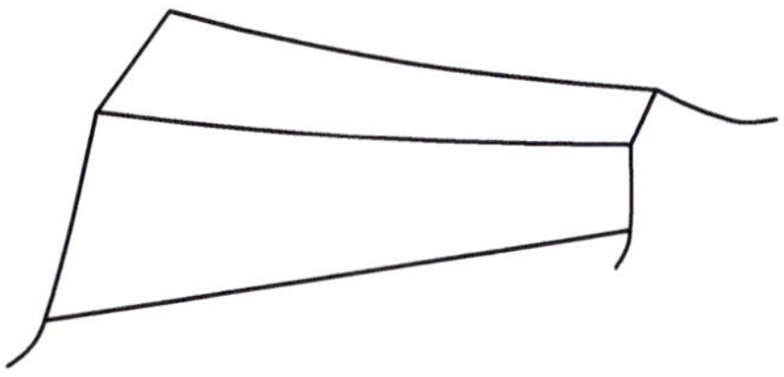　　　　　　　　　图 6-50　轮齿的顶部与根部

能否在实物中找到齿面的顶部与根部相应的部位？　　　　　　　　　□ 能　　□ 不能

(7) 如果齿轮啮合印痕不正常(图 6-51～图 6-54),应该如何调整呢？并参考相关资料,完成表 6-5。

啮合印痕调整表　　　　　　　　　　　　　　　　　　　　　　表 6-5

从动齿轮啮合印痕	是否正常	调整方法
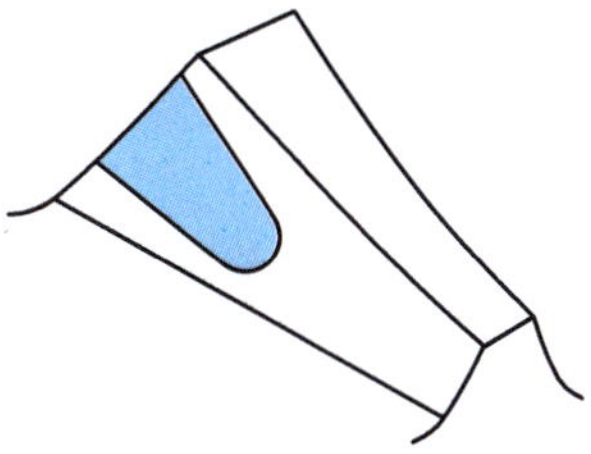 图 6-51　印痕偏大端	□ 正常 □ 不正常	将从动齿轮向主动齿轮移近,如果啮合间隙过小,则将主动齿轮向外移动
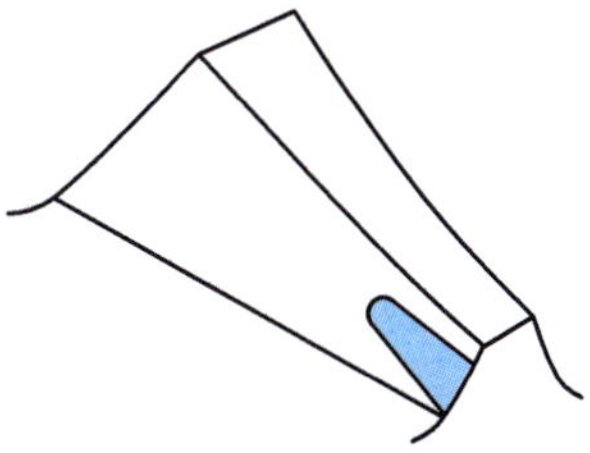 图 6-52　印痕偏小端	□ 正常 □ 不正常	
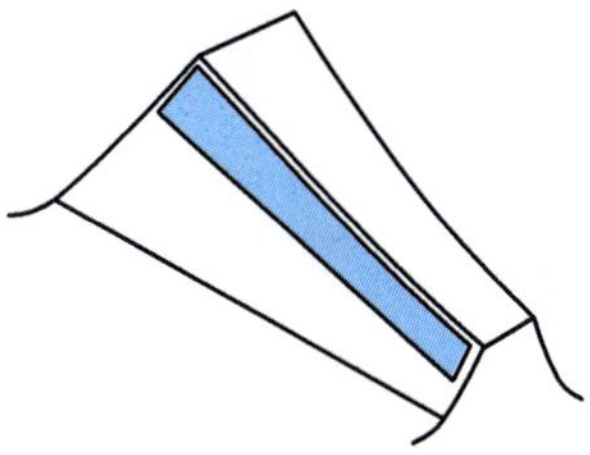 图 6-53　印痕偏顶部	□ 正常 □ 不正常	

续上表

从动齿轮啮合印痕	是否正常	调整方法
 图6-54 印痕偏根部	□ 正常 □ 不正常	

 小提示

齿轮啮合印痕的调整方法概括为"大进从、小出从、顶进主、根出主"。

"大进从"指齿轮接触面靠近齿轮大端时,调整时应使从动锥齿轮靠近主动锥齿轮,即将主动锥齿轮侧的调整螺母拧松,从动锥齿轮侧的调整螺母拧紧,调整螺母松紧要一致,否则相反。

"顶进主"指齿轮接触面靠近齿轮顶端时,调整时应使主动锥齿轮靠近从动锥齿轮,即在主动锥齿轮与主动锥齿轮内轴承之间增加合适厚度的垫片,否则相反。

9. 当啮合印痕正常时,应检查啮合间隙,如何对主动齿轮和从动齿轮的啮合间隙进行检查与调整?

齿圈啮合间隙的检查,如图6-55所示。

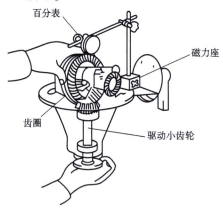

图6-55 检查齿圈啮合间隙

(1)将百分表触针垂直抵住齿圈大端。
(2)用手固定主动小齿轮,转动齿圈,从而可在百分表上读出啮合间隙值,并填写完成表6-6。

啮合间隙记录表　　　　　　　　　　　　　　　　表6-6

啮合间隙	测量数值(mm)			标准数值(mm)
齿圈啮合间隙	位置1:	位置2:	位置3:	

 小提示

检查啮合间隙时应在齿圈圆周内至少选取三个不同部位进行检查。

当实际测量的啮合间隙不符合规定数值时(图6-56、图6-57),该如何调整？运用所学知识并查阅相关资料,完成表6-7。

啮合间隙不正常调整表　　　　　　　　　　　　　　　　　　　　　表6-7

啮合间隙	如何进行调整
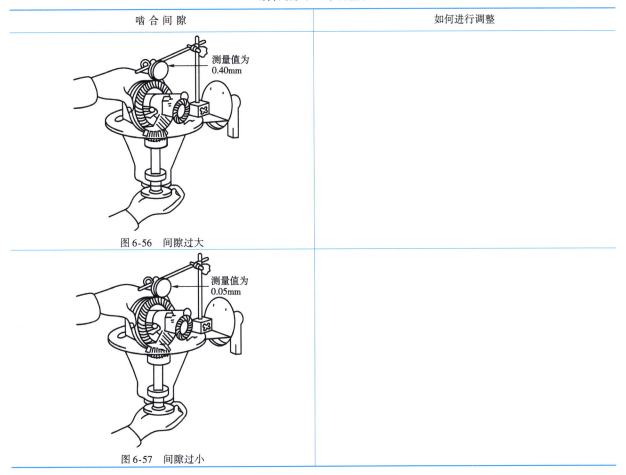 图6-56　间隙过大	
图6-57　间隙过小	

小提示

在啮合印痕和啮合间隙的调整过程中,两者既有联系又有矛盾。当调整啮合印痕时,啮合间隙随之改变,反之亦然。啮合印痕是衡量齿面接触面积和受力位置的重要依据,因此当两者之间出现矛盾时,通常用改变啮合间隙的方法来保证啮合印痕的正常,而不应该通过调整啮合印痕来保证啮合间隙。

当齿轮的啮合间隙大于标准值时,可通过将主动小齿轮侧的调整螺母拧松,从动锥齿轮侧的调整螺母拧紧(松紧要一致)来达到标准值;当齿轮的啮合间隙小于标准值时,可通过将从动锥齿轮侧的调整螺母拧松,主动小齿轮侧的调整螺母拧紧(松紧要一致)来达到标准值。

10. 如何将主减速器安装到车桥上？

(1)如图6-58所示,将主减速器总成装到车桥上,安装螺母并拧紧螺母到规定力矩。
(2)如图6-59所示,将传动轴凸缘连接到接合凸缘上。
①对齐凸缘上的配合记号,用4个螺栓和螺母连接凸缘。

②用扳手拧紧4个螺栓和螺母,规定拧紧力矩为27N·m。

(3)如图6-60所示,装上放油螺塞并加注差速器油。

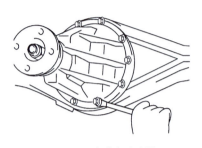
图6-58 安装主减速器

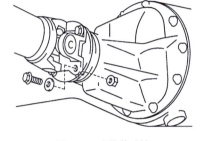
图6-59 安装传动轴

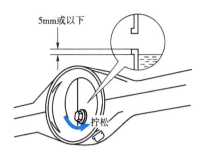
图6-60 加注差速器油

①加注差速器油的标准容量为:_____。

②如果差速器油注入过多,会有什么危害?

③如果差速器油注入不足,会有什么危害?

11. 在汽车出厂前,为保证主减速器总成修理的工作质量还需进行该项目的竣工检验,那么该如何通过试验来进行检验?

(1)将车辆举升至车轮离开地面,起动发动机并挂挡运行,检查主减速器、差速器是否有异响。如果有异响,分析产生异响的可能原因。

(2)挂挡运行一定时间后,检查减速器壳是否出现过热现象?如果过热,分析过热的原因。

(3)将发动机熄火,检查主减速器与桥壳接合面、半轴油封是否有漏油现象?若有漏油,请分析漏油的原因。

12. 为了提高汽车的操纵性和稳定性,许多汽车配有防滑差速器,有哪几种类型,不同类型的防滑差速器又是如何工作的?

1)防滑差速器

转矩平均分配特性适用于在良好路面上行驶的汽车。但在坏路面上行驶时,或当汽车一侧驱动车轮陷入低附着系数路面(如泥泞路面)时,都会因为这一特性,使汽车无法获得足够的牵引力,进而严重影响汽车的操纵性和稳定性。为此,在四轮驱动越野车上,往往在后驱动轮的轮间差速器上装备防滑差速器。

2)防滑差速器原理

当左右侧车轮附着力不同时,驾驶人通过挂上差速器锁,使左右驱动车轮成为刚性连接,差速器不起作用,以提高其总牵引力,进而提高汽车越野通过能力。例如,奥迪四轮驱动轿车在后驱动轮的轮间差速器上装有差速器锁,五十铃、猎豹、丰田吉普等汽车上都配置了防滑差速器装置。

3)防滑差速器类型

常见防滑差速器分为强制锁止式(即差速锁)和自锁式两种,自锁式差速器应用比较广泛,如图6-61所示。

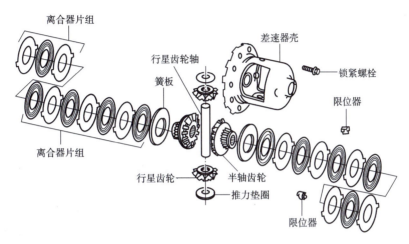

图6-61 自锁式防滑差速器

(1)自锁式差速器工作原理。

①当汽车沿直线行驶,两半轴无转速差时,传给差速器壳的转矩在左右半轴之间平均分配。此时力矩经过两条路线传给半轴,如图6-62a)所示,一路是由差速器壳通过行星齿轮轴、行星齿轮、半轴齿轮等传给半轴及驱动车轮,这与普通圆锥行星齿轮差速器的动力传递路线是一样的;另一路则是由差速器壳传给驱动力矩作用下被压紧的主、从动摩擦片及推力盘,然后经过左、右半轴传给驱动车轮。

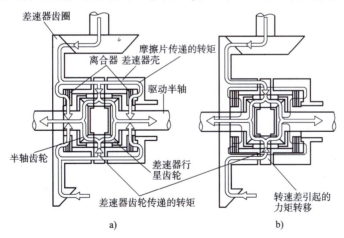

图6-62 自锁式差速器工作原理

②当汽车转弯或某一侧的驱动车轮陷入附着系数较小的路面并达到附着极限而打滑时,左右驱动车轮产生转速差。由于存在转速差并且主、从动摩擦片和推力盘被压紧,此时在左右两侧的主从动摩擦片、推力盘及差速器壳之间必将分别产生摩擦力矩(摩擦力矩的大小与摩擦元件之间的摩擦系数及压紧力的大小有关)。

③快转轮一侧的摩擦力矩,其方向与快转轮的旋转方向相反,故其值为负;而慢转轮一侧的摩擦力

矩,其方向与慢转轮旋转方向相同,故其值为正。这种情况犹如部分驱动力矩由快转轮转移到慢转轮,如图6-62b)所示。因此,慢转轮的驱动力矩将大于快转轮的驱动力矩。

自锁式差速器能使快转车轮的驱动力矩减小,可以制止滑转车轮的继续滑转,使快转车轮所减小的驱动力矩转移到慢转车轮上,从而显著地提高汽车的防滑能力和通过性。

(2)查询相关资料,阐述电子控制差速系统的工作原理。

三、评价反馈

1. 使用(维修)案例分析

故障现象:皇冠3.0L轿车在高速行驶时因后桥油封漏油而导致主减速器轴承烧死,继而不能行驶。

诊断与排除的步骤:

(1)故障现象的确认:经过试车发现汽车后桥发出"呜呜"的响声,脱挡后运行响声仍然存在,这说明响声应来自后桥或驱动轮。

(2)响声部位的确定:在诊断时,用举升机将汽车举起,让驱动轮以中、高速运转。发现响声来自后桥壳内。

(3)检查步骤:后桥壳内的齿轮油量正常。用手触摸主减速器壳左右两边的轴承部位和前轴承部位时,发现有烫手感觉,说明轴承的预紧力过大。于是拆检主减速器,测其转动力矩为 $2.5 \sim 4.0 \text{N} \cdot \text{m}$,其标准值为 $1.0 \sim 1.5 \text{N} \cdot \text{m}$,说明主动小齿轮轴承预紧力过大;当主动齿轮和从动齿轮的传动啮合时,再以同样的方法测量主动小齿轮转动力矩为 $5.5 \sim 7.0 \text{N} \cdot \text{m}$,而标准值为 $1.5 \sim 2.5 \text{N} \cdot \text{m}$,可见预紧力过大。

(4)故障排除:分解主减速器,发现轴承有不同程度的烧坏,重新更换损坏部件并按规定力矩调整后,故障排除。

阐述并分析预紧力过大而导致轴承温度上升的原因。

2. 学习自测题

(1)下列关于主减速器作用的叙述,错误的是(　　)。
　　A. 改变主减速比来增大输入转矩
　　B. 改变主减速比来增大转矩,降低转速
　　C. 在发动机纵置时可以改变转矩方向
　　D. 增加发动机的转速

(2)下列关于后轮驱动车辆主减速器安装位置的叙述,正确的是(　　)。
　　A. 安装在飞轮后面　　　　　　　　　B. 安装在离合器后面
　　C. 安装在驱动桥壳上　　　　　　　　D. 安装在变速器壳体内

(3)下列关于差速器组成,不属于差速器的元件是(　　)。
　　A. 半轴齿轮　　　　　　　　　　　　B. 行星齿轮
　　C. 行星齿轮轴　　　　　　　　　　　D. 减速器壳

(4)下列关于差速器的作用,叙述正确的是(　　)。
　　A. 在车辆转弯时允许内外侧车轮转速不同
　　B. 在车辆直线行驶时允许内外侧车轮转速不同
　　C. 在车辆倒车直线行驶时允许内外侧车轮转速不同
　　D. 在车辆转弯时允许内外侧车轮转速相同

(5) 下列关于防滑差速器的类型,叙述正确的是(　　)。
   A. 常见的防滑差速器分为强制锁止式和自锁式两种
   B. 常见的防滑差速器分为湿式和强制锁止式两种
   C. 常见的防滑差速器分为干式和自锁式两种
   D. 常见的防滑差速器分为干式和湿式两种
(6) 下列图中属于检测半轴齿轮与行星齿轮齿隙的是(　　)。

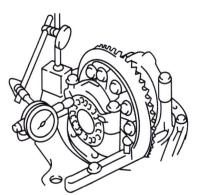

A.　　　　　　　　　　　　B.

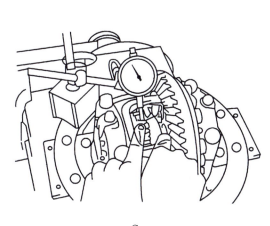
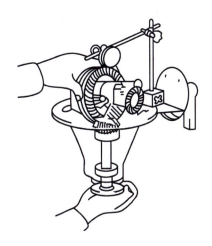

C.　　　　　　　　　　　　D.

3. 维修信息获取练习
查阅相应维修手册,完成表 6-8 相关数据的填写。

SST 或 数 据　　　　　　　　　　　　　　　表 6-8

车　　型	查 找 项 目	SST 或 数 据
丰田花冠(ZZE 系列)	拆卸差速器支撑轴承专用 SST 代号	
丰田花冠(ZZE 系列)	差速器油排空重新加注量(L)	
金杯 SY6480	差速器齿轮齿隙的标准间隙(mm)	
金杯 SY6480	2WD 差速器油排空重新加注量(L)	

4.学习目标达成度的自我检查(表6-9)

自 我 检 查 表

表6-9

序号	学习目标	达成情况(在相应的选项后打"√")		
		能	不能	如果不能,是什么原因
1	叙述后轮驱动汽车驱动桥的组成及零部件作用			
2	叙述差速器的作用及工作原理			
3	知道不同类型的驱动轴及驱动轴的固定方式			
4	在教师指导下,完成分解、检查、装配及调整主减速器任务			
5	叙述防滑差速器的工作原理并能识别防滑差速器的类型			

5.日常表现性评价(由小组长或者组内成员评价)

(1)工作页填写情况。(　　)

  A.填写完整　　　　　　　　　　　B.缺失 0~20%

  C.缺失 20%~40%　　　　　　　　D.缺失 40%以上

(2)工作着装是否规范?(　　)

  A.穿着校服(工作服),佩戴胸卡

  B.校服或胸卡缺失一项

  C.偶尔会既不穿校服又不戴胸卡

  D.始终未穿校服,佩戴胸卡

(3)能否主动参与工作现场的清洁和整理工作?(　　)

  A.积极主动参与5S工作

  B.在组长的要求下能参与5S工作

  C.在组长的要求下能参与5S工作,但效果差

  D.不愿意参与5S工作

(4)升降汽车时,有无进行安全检查并警示其他同学?(　　)

  A.有安全检查和警示

  B.有安全检查,无警示

  C.无安全检查,有警示

  D.无安全检查,无警示

(5)是否达到全勤?(　　)

  A.全勤　　　　　　　　　　　　　B.缺勤 0~20%(有请假)

  C.缺勤 0~20%(旷课)　　　　　　D.缺勤 20%以上

(6)总体印象评价。(　　)

  A.非常优秀　　B.比较优秀　　C.有待改进　　D.急需改进

(7)其他建议:

小组长签名:＿＿＿＿＿＿＿＿＿＿＿＿＿　　　　　　　＿＿＿年＿＿＿月＿＿＿日

6. 教师总体评价

(1) 对该同学所在小组整体印象评价。(　　)

　　A. 组长负责,组内学习气氛好

　　B. 组长能组织组员按要求完成学习任务,个别组员不能达成学习目标

　　C. 组内有 30% 以上的学员不能达成学习目标

　　D. 组内大部分学员不能达成学习目标

(2) 对该同学整体印象评价：

_____

_____

_____。

教师签名：_____　　　　　　　_____年_____月_____日

学习任务 7　手动变速驱动桥换挡困难的故障诊断与排除

> **学习目标**
>
> 完成本学习任务后,你应当能:
> 1. 叙述故障诊断的基本步骤;
> 2. 根据维修资料,分析手动变速驱动桥换挡困难故障的原因;
> 3. 运用所学知识,独立制订诊断变速驱动桥换挡困难故障的工作计划;
> 4. 向客户进行故障诊断提问并记录相关的信息;
> 5. 按照给定计划,完成手动变速驱动桥换挡困难故障的诊断并实施;
> 6. 参考维修手册,完成手动变速驱动桥同步器的更换。
>
> **建议完成本学习任务为 14 学时**

内容结构

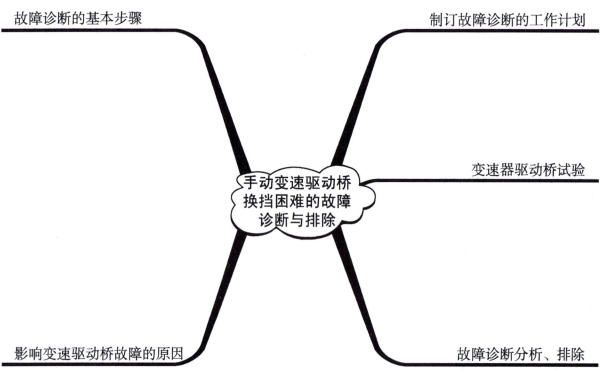

 学习任务描述

某客户反映汽车在行驶中出现换挡困难的故障现象,请对车辆进行专业的检查并排除故障。

为了顺利进行诊断与排除故障,首先应和客户进行沟通,通过试车、初步检查等方法进行确认和再现故障现象;其次根据个人的知识或参考相关维修资料进行故障原因推测,结合相应检测来逐渐缩小诊断范围,确定汽车故障部位;最后根据故障部位进行维修。

一、学习准备

如图 7-1 所示,在汽车故障诊断过程中,往往分为五大步骤:
(1)向客户询问汽车故障症状及发生故障的时间、地点、条件及维修历史。
(2)验证并重现故障症状,以确定该症状是否是故障。
(3)参考相关手册或个人知识经验,推测产生故障的原因。
(4)通过各种试验,检查可疑部位以找出故障原因。
(5)排除故障并试验确认。

图 7-1 诊断步骤示意图

 1. 为了解汽车的故障所在,该如何向客户询问故障的症状？在询问汽车故障症状时,应该注意哪些问题？

当汽车要进行维修时,向客户询问汽车的故障症状以及汽车发生故障的时间、路况、工况、使用条件及维修历史情况等因素,将有助于我们确定故障所发生的部位,缩小诊断的范围。在进行客户询问中,应该包含以下几个要点:
(1)时间——询问故障发生频率及日期。
(2)地点和部位——询问故障发生的地点及部位。
(3)条件——在什么条件下发生的故障,如急加速,踩下离合器时有异响等。
(4)发生了什么——故障症状。
(5)维修历史——作为背景信息评估故障原因。

在进行诊断提问中,为了能让客户明白提问的意思,并容易回答,在进行诊断提问时,应该注意以下几点:
(1)提问时要尽量选择客户熟悉的语种表达。
(2)用具体的事例询问客户,让客户容易回答。
(3)避免使用专业术语,尽量用通俗的语言进行提问。

经过接车员同客户的沟通(必要时,由技术人员陪同),将相关信息填写在客户车辆故障症状表(表7-1)中。

客户车辆故障症状表　　　　　　　　　　　　　　　　表7-1

车辆型号		客户信息	
变速器型号		VIN码	
客户投诉	汽车比较难挂挡位,挂入挡位后摘挡困难		
诊断提问	故障发生频率:□ 经常发生　　□ 有时发生(__次/天) 故障发生条件:□ 任何挡位　　□ 特定挡位____挡		
验证并重现故障症状,确定该症状是否是故障	经过接车员、技术员陪同客户路试,确认车辆状况与客户描述一致,确定为故障,并发现该车辆在所有挡位均伴有轻微换挡困难,3—4挡换挡困难更为明显		
确认故障症状	无法确认具体故障部位,需交维修车间进一步检查,并报客户后再进行修理		

2. 查阅相关资料或运用所学知识,将表7-2手动变速器的故障原因补充完整。

手动变速器的故障原因　　　　　　　　　　　　　　　　表7-2

故 障 症 状	可 能 的 原 因
变速器漏油	齿轮油过量或齿轮油不准确
	密封垫或衬垫故障
变速器换挡困难	
	换挡操纵机构卡滞或调整不正确
	换挡拨叉轴、同步器锁止或互锁损坏
	齿轮油牌号不准确
变速器换挡卡住	换挡操纵机构或变速杆运动干涉
	同步器损坏
	换挡拨叉行程受限
变速器咬住	外换挡操纵机构损坏或调整不正确
	内部换挡操纵机构磨损或损坏
	同步器损坏
变速器自动跳挡	换挡操纵机构磨损或损坏
	换挡操纵机构运动干涉
	发动机/变速器支架破裂或松动
	换挡拨叉磨损
	同步器磨损

学习任务7　手动变速驱动桥换挡困难的故障诊断与排除

续上表

故障症状		可能的原因
变速器换挡冲击		离合器拖滞
		换挡拨叉磨损
		同步器零件损坏或磨损
噪声	某个挡位有噪声	某一特定齿轮副齿轮损坏
	所有挡位有噪声	齿轮油油位过低
		变速器和车身之间的连接螺母松动
		安装螺栓松动
		齿轮轮齿磨损或损坏
	空挡噪声	齿轮的油位过低
		输入轴的轴承磨损或损坏
		中间轴的轴承磨损

二、计划与实施

　3. 运用所学知识,参考表7-2,列举变速驱动桥换挡困难有哪些常见原因,并阐述理由。

(1) 故障原因1:齿轮油油位不当或型号不正确。
理由:

(2) 故障原因2:操纵机构卡滞或调整不当。
理由:

(3) 故障原因3:离合器分离不彻底。
理由:

(4) 故障原因4:变速器内部故障,如同步器损坏。
理由:

4. 运用所学知识,推测手动变速驱动桥换挡困难的故障原因并制订相关试验检查的工作计划,完成图 7-2。补充完整手动变速驱动桥换挡困难的诊断流程。

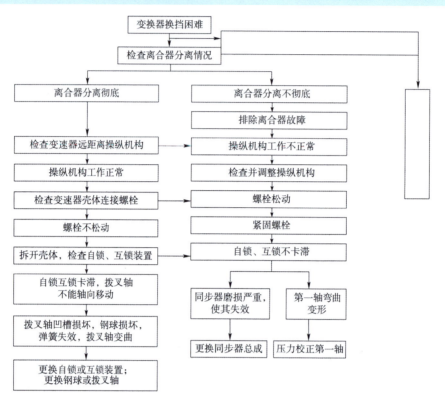

图 7-2 换挡困难诊断流程图

要进一步检验判断出故障所在范围,故障诊断时要注意的基本原则:先简后繁,先易后难,先外后里。

5. 按照给定计划,判断换挡困难故障点是在离合器或是变速器,是操纵机构故障或是总成故障?

1)作业准备及预检

(1)检查举升机。　　　　　　　　　　　　　　　　　　　□任务完成
(2)车辆开进工位。　　　　　　　　　　　　　　　　　　　□任务完成
(3)放置各种护套,开启发动机罩(拉起发动机罩释放杆)。　□任务完成
(4)打开发动机罩,检查各种油液。　　　　　　　　　　　　□任务完成

2)基本检查

将基本检查结果填写在表 7-3 中。

基本检查记录表　　　　　　　　　　　　　　　　　　　表 7-3

检 查 项 目	检 查 结 果
离合器油量、主缸、工作缸及油管	□正常　□不正常
离合器自由行程	□正常　□不正常
变速器外观及油液	□正常　□不正常
变速器油液型号	□正常　□不正常

小提示

变速器油液型号不能通过目视判断,可以通过查找该车维修记录,查看变速器油液是否有更换,已经更换油液的型号是否同维修手册上推荐使用的型号一致。

3)发动机运转换挡试验

发动机运转换挡试验也称动态换挡试验,主要是检查离合器是否拖滞。

(1)发动机运转换挡试验。

①检查离合器自由行程是否正常。

②拉起驻车制动,起动发动机。

③使发动机空挡怠速,注意是否听到不正常噪声。

④踩下离合器,换入1挡,注意观察并与发动机熄火试验时的换挡力进行比较,如果换挡力比较大,则说明离合器拖滞;同时注意换挡时是否听到异响。

⑤松开驻车制动,松开离合器,使汽车慢慢向前移动,同时检查是否有异响或振动。

⑥重复以上步骤检查其他挡位。

 小提示

①起动车辆前必须将换挡杆处于空挡位置。

②车辆离合器踏板的自由行程必须在标准范围以内。

(2)根据上述发动机运转换挡试验,填写表7-4。

发动机运转换挡试验情况　　　　　　　　　表7-4

挡　位	换　挡　力	有无异响	挡　位	换　挡　力	有无异响
换1挡	□正常　□不正常		换4挡	□正常　□不正常	
换2挡	□正常　□不正常		换5挡	□正常　□不正常	
换3挡	□正常　□不正常		换R挡	□正常　□不正常	

(3)你的结论是:　　　　　　　　　　　　□变速器故障　　　□离合器故障

(4)如果离合器故障,运用所学知识,制订离合器系统诊断与排除的计划,并记录实施的主要步骤。

①选择合适的工具、仪器和材料。

②制订维修计划,并记录诊断与排除过程的重要步骤。

4)发动机熄火换挡试验

发动机熄火换挡试验也称为静态换挡试验或换挡力试验,是用来测量换挡拨叉移动同步器的力的大小。

在外操纵机构变速器上,可以先断开换挡拨叉轴。

(1)如何进行熄火换挡试验。

①踩下离合器踏板,断开离合器连接。

②将变速器换入一个挡位,作为对齐标志,然后重新换入空挡。

③断开换挡拨叉轴,用扭力扳手和套筒再次换到同一挡位,注意观察挂挡所需的力。

④重复以上步骤,进行其他挡位的检查,注意换挡时需要较大力的挡位,检查是否有故障。

小提示

如果没有特殊说明,拨动同步器接合套的转矩在4.5~7N·m之间,如果转矩超过8N·m则表明换挡困难且内部有故障。

(2)根据上述熄火换挡试验,填写表7-5。

熄 火 换 挡 试 验　　　　表7-5

挡　　位	换挡力的情况	挡　　位	换挡力的情况
换1挡	□ 正常　□ 不正常	换4挡	□ 正常　□ 不正常
换2挡	□ 正常　□ 不正常	换5挡	□ 正常　□ 不正常
换3挡	□ 正常　□ 不正常	换R挡	□ 正常　□ 不正常

(3)结论是:　　　　　　　　　　　　□ 外操纵机构故障　　□ 变速器内部故障

5)变速器外操作机构的检查与调整

(1)如图7-3所示,检查变速器外操作机构是否存在卡滞、干涉、球节润滑不良。　　□ 任务完成

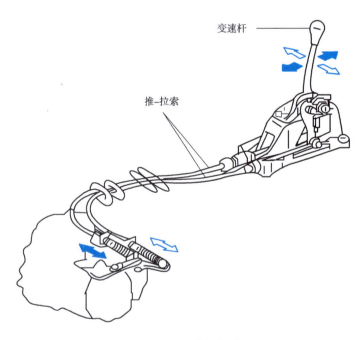

图7-3　变速器外操作机构

该车型所使用的变速器外操作机构为不可调整,若拉索等部件因事故等原因受损,需重新更换。

(2)对于某些应用控制杆系的外操作机构,工作不良时需要对其进行检查和调整,图7-4和图7-5是金杯汽车换挡操纵机构,请根据维修手册描出图中能调整的位置。

学习任务7　手动变速驱动桥换挡困难的故障诊断与排除

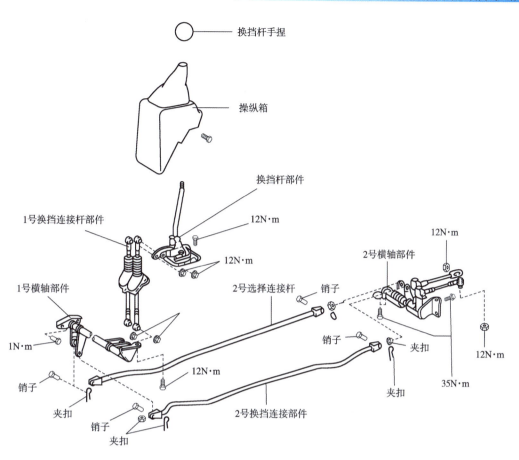

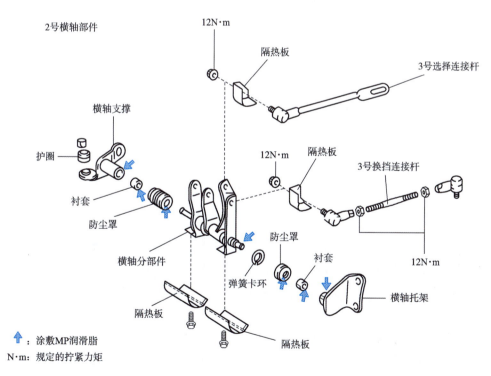

↑：涂敷MP润滑脂
N·m：规定的拧紧力矩

图 7-4　可调式变速器外操作机构(1)

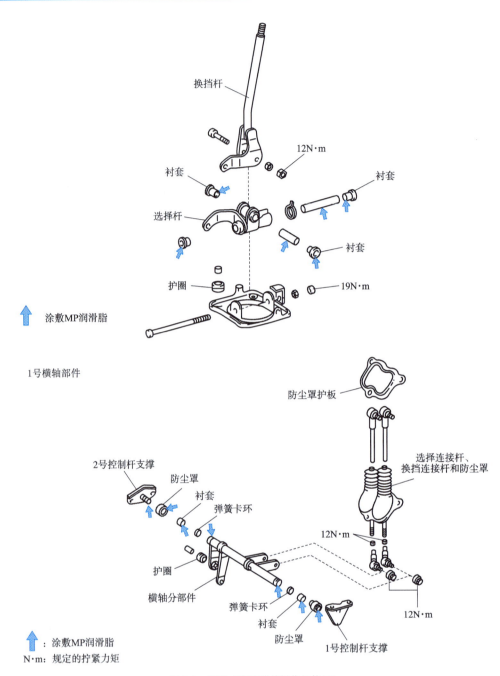

图7-5 可调式变速器外操作机构(2)

6. 根据诊断计划,若判定故障为变速器总成,则需对其拆检。如果丰田 C50 手动变速器的 5 挡同步器损坏而导致换挡困难,请参考相关维修资料,叙述如何更换 5 挡同步器并实施维修?

(1)查找维修手册,拆卸 C50 传动桥总成外围部件,如图 7-6 所示,在图中标明了各外围部件名称、不可重复使用的零部件、螺栓规定的拧紧力矩。

根据维修手册指引,请在图 7-6 中标注出拆卸顺序。

(2)将手动传动桥总成放置在木块上,如图 7-7 所示,拆卸变速器后端盖。这样可以防止破坏器体装配面和传动桥壳油封。

学习任务7　手动变速驱动桥换挡困难的故障诊断与排除

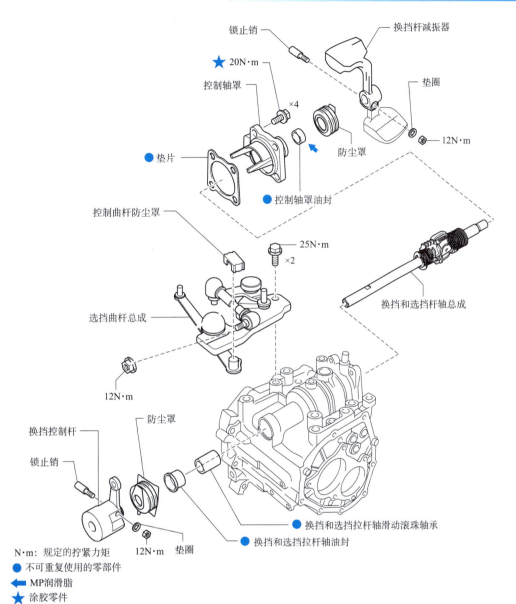

图 7-6　C50 传动桥总成外围部件

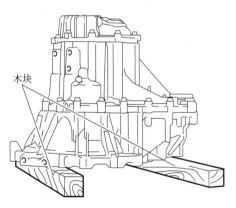

图 7-7　传动桥总成放置

小提示

由于后端盖涂有密封胶,需按对角顺序均匀松开后,用塑料锤小心敲击手动变速器分总成的凸起部分,如图 7-8 所示。

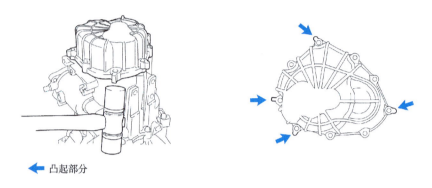

← 凸起部分

图 7-8　拆卸后端盖

(3)拆卸手动变速器输出轴固定螺母。

①用冲子和锤子松开手动变速器输出轴后固定螺母的锁紧部件,如图 7-9 所示。

图中 1 指的是:_____;2 指的是:_____。

②使 2 个齿轮同步啮合以锁止变速器,如图 7-10 所示。

图中 2 指的是:_____;3 指的是:_____。

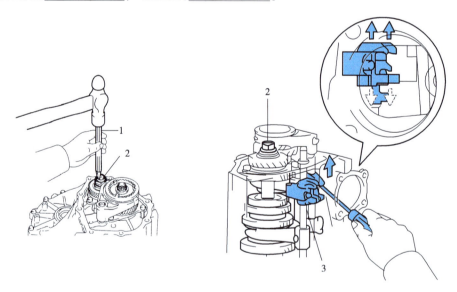

图 7-9　拆卸固定螺母　　　　图 7-10　锁紧输出轴

③拆下手动变速器输出轴后固定螺母,如图 7-11 所示。

④分离 2 个齿轮。

(4)拆卸 3 号换挡拨叉。

①从 3 号换挡拨叉上拆下换挡拨叉锁止螺母,如图 7-12 所示。

②从变速器 3 号离合器毂上拆下 3 号接合套和 3 号换挡拨叉,如图 7-13 所示。

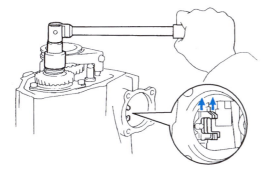
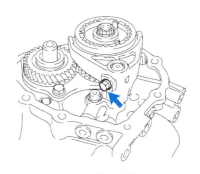

图7-11　拆卸输出轴固定螺母　　　　图7-12　拆卸拨叉轴锁止螺母

(5) 拆卸变速器3号离合器毂。

① 用2把螺丝刀和锤子轻轻敲出卡环,用抹布或布条防止卡环飞出,如图7-14所示。

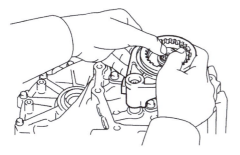
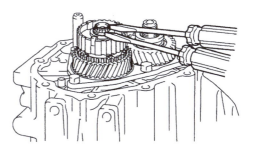

图7-13　拆卸接合套和换挡拨叉　　　　图7-14　拆卸卡环

② 用螺丝刀从变速器3号离合器毂上拆下同步啮合换挡键弹簧,如图7-15所示。

③ 用SST从输出轴上拆下变速器3号离合器毂、5挡齿轮和同步器3号锁环,如图7-16所示。

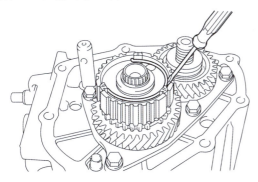
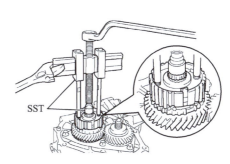

图7-15　拆下同步啮合换挡键弹簧　　　　图7-16　拆下离合器毂

查阅维修手册,该处所使用SST编号为:＿＿＿＿＿＿＿＿。

(6) 拆卸5挡齿轮滚针轴承。

从输入轴上拆下5挡齿轮滚针轴承和5挡齿轮轴承隔垫,如图7-17所示。

(7) 用SST从输出轴上拆卸5挡从动齿轮,如图7-18所示。

查阅维修手册,该处所使用SST编号为:＿＿＿＿＿＿＿＿。

(8) 检查同步器锁环。

① 检查磨损和损坏情况。

② 在5挡齿轮锥上涂抹齿轮油,将同步器锁环推向5挡齿轮锥的同时使其沿一个方向转动,如图7-19所示。

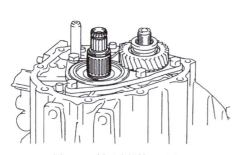

图7-17 拆下滚针轴承及隔垫

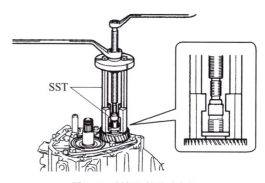

图7-18 拆卸5挡从动齿轮

③检查并确认锁环锁止。

如果同步器锁环未锁止,更换同步器锁环。

④用塞尺测量同步器锁环和花键齿轮端部之间的间隙,如图7-20所示,将测量结果填写在表7-6中。

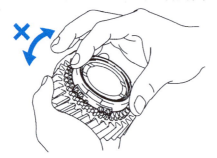

图7-19 检查同步器锁环

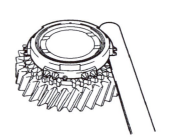

图7-20 测量同步器锁环间隙

同步器锁环间隙　　　　　　　　　　　　　　　　　表7-6

测量值(mm)	标准值(mm)	维 修 结 论

(9)检查变速器3号接合套,并将检查结果填写表7-7中。

拨叉与接合套间隙　　　　　　　　　　　　　　　　表7-7

测量值(mm)	标准值(mm)	维 修 结 论

①检查其和离合器毂之间的滑动情况。

②检查并确认接合套的花键齿轮边缘未磨损。

③用游标卡尺测量接合套凹槽宽度 A 和换挡拨叉卡爪厚度 B,如图7-21所示,并计算间隙。

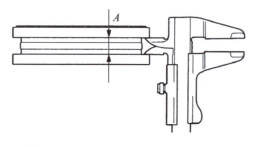

间隙=$A-B$

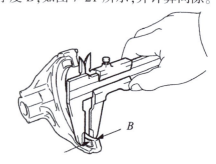

图7-21 检查拨叉与接合套间隙

（10）根据维修结论进行维修，复检合格后，重新安装。

①变速器壳配合面涂抹密封填料，连接传动桥壳。查阅维修手册，在规定位置、涂抹规定量的指定密封填料，如图7-22所示。

②安装换挡制动球和锁止球总成，如图7-23所示，将图中各部件名称填写表7-8中。

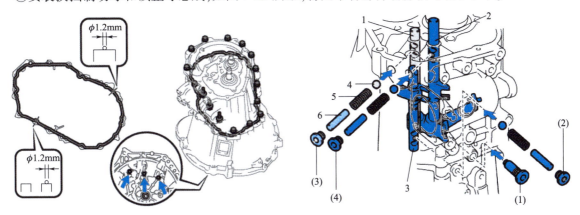

图7-22 涂抹密封填料　　　　　　　　　　图7-23 安装换挡锁止装置

换 挡 锁 止 装 置　　　　　　　　表7-8

序 号	名　　称	序 号	名　　称
1	3、4挡换挡拨叉轴	(1)	
2		(2)	换挡锁止塞(1、2挡)
3		(3)	
4		(4)	
5			
6			

③安装换挡和选挡杆轴，如图7-24所示。

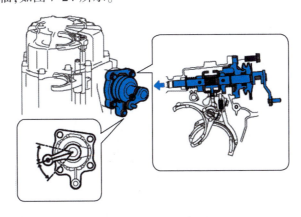

图7-24 安装换挡和选挡杆轴

 小提示

确保换挡拨叉轴处于空挡位置，且不要使用损坏或弯曲的垫片，否则会导致漏油。

7. 如何对维修后的汽车进行质量检验？

1）变速器及离合器系统的基本检查
（1）变速器油液是否正常。　　　　　　　　　　　　　　□是　　□否
（2）变速器外观是否正常。　　　　　　　　　　　　　　□是　　□否
（3）离合器系统是否正常。　　　　　　　　　　　　　　□是　　□否
2）动态换挡试验
（1）各个挡位换挡是否平顺。　　　　　　　　　　　　　□是　　□否
（2）换挡有无异响。　　　　　　　　　　　　　　　　　□有　　□无
3）道路测试
（1）1挡起步，加速，在4000r/min时升挡（1挡→2挡，2挡→3挡和3挡→4挡）。如果可能，根据速度限制和行驶条件升挡：3挡→4挡和4挡→5挡。注意换挡质量和出现的任何噪声。
（2）利用发动机制动进行减速，在大约3000r/min时降挡，注意换挡质量和任何出现的噪声。
（3）在限速或95km/h时以4挡行驶，加速（在限定速度范围内），换入5挡。
（4）以5挡行驶一定时间，降挡到4挡。

 小提示

①必须同时持有驾驶证、公司核发的内部驾驶证方能外出试车。
②在进行道路路试时请注意安全，建议在来往车辆比较少的道路上进行。
③降挡通常比升挡困难，升挡时，同步器必须降低变速器齿轮的速度，此时只需要离合器踩下就能换挡；降挡时，同步器必须升高变速器齿轮转速，往往需要更多的时间和更大的力。

三、评价反馈

1. 使用（维修）案例分析
如果是3-4挡同步器损坏，你能完成检查更换吗？
（1）明确动力传递路线，在图7-25中画出3挡动力传递路线图。

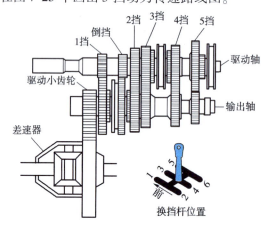

图7-25　动力传递图

(2)查阅维修手册,列出维修3-4挡同步器与5挡同步器相比,需要额外准备的工具及专用工具清单,填写到表7-9中。

工具清单　　　　　　　　　　　　　　　　　　　　　　　　　　表7-9

序号	名　称	规格	用　途
1			
2			
3			
4			
5			
6			

2. 学习自测题

(1)学生 a 说:手动传动桥油封有方向性,所以装配前要检查方向;学生 b 说:使用润滑剂,例如齿轮油或润滑脂,应根据每个齿轮或每个滑动件的装配位置确定。(　　)

A. 学生 a 正确,学生 b 错误

B. 学生 a 错误,学生 b 正确

C. 学生 a 和 b 都正确

D. 学生 a 和 b 都错

(2)装配 C50 手动传动桥方向限制销的塞时,下面哪个是涂抹在塞上的?(　　)

A. 齿轮油　　　　　　　　　　　　B. 底漆

C. 润滑脂　　　　　　　　　　　　D. 闭锁黏结剂

(3)当取下 C50 手动传动桥的换挡选挡杆轴时,选择哪一个齿轮位置?(　　)

A. 1 挡齿轮位置

B. 3 挡齿轮位置

C. 倒挡齿轮位置

D. 空挡齿轮位置

(4)关于换挡制动球和锁止球总成(图7-26)的功能,哪一个是最合适的答案?学生 a 说:当换挡时,换挡制动球可以抑制,防止齿轮跳动;学生 b 说:锁止球总成可防止双重啮合。(　　)

A. 学生 a 对　　　　　　　　　　　B. 学生 b 对

C. 学生 a、b 都对　　　　　　　　　D. 学生 a、b 都不对

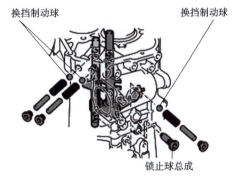

图7-26　换挡制动球与锁止球总成

3. 学习目标达成度的自我检查(表 7-10)

自 我 检 查 表　　　　　　　　　　　　　　　　　　　　　　　表 7-10

序号	学习目标	达成情况(在相应的选项后打"√")		
		能	不能	如果不能,是什么原因
1	叙述故障诊断的基本步骤			
2	根据维修资料,分析变速驱动桥换挡困难故障的原因			
3	运用所学知识,独立制订诊断变速驱动桥换挡困难故障的工作计划			
4	向客户进行故障诊断提问并记录相关的信息			
5	参考维修手册,完成变速驱动桥同步器的更换			

4. 日常表现性评价(由小组长或者组内成员评价)

(1)工作页填写情况。(　　)

　A. 填写完整　　　　　　　　　　　　B. 缺失 0～20%

　C. 缺失 20%～40%　　　　　　　　　D. 缺失 40% 以上

(2)工作着装是否规范?(　　)

　A. 穿着校服(工作服),佩戴胸卡

　B. 校服或胸卡缺失一项

　C. 偶尔会既不穿校服又不戴胸卡

　D. 始终未穿校服、佩戴胸卡

(3)能否主动参与工作现场的清洁、整理工作?(　　)

　A. 积极主动参与 5S 工作

　B. 在组长的要求下能参与 5S 工作

　C. 在组长的要求下能参与 5S 工作,但效果差

　D. 不愿意参与 5S 工作

(4)是否参与实训?(　　)

　A. 带头参与实训,引领小组实训　　　　B. 积极配合组内实训

　C. 在教师的要求下参与实训　　　　　　D. 不愿意参与实训

(5)总体印象评价。(　　)

　A. 非常优秀　　　B. 比较优秀　　　　C. 有待改进　　　　D. 急需改进

(6)其他建议:

小组长签名:_____　　　　　　　　　　　　_____年_____月_____日

5. 教师总体评价

(1)对该同学所在小组整体印象评价。(　　)

　A. 组长负责,组内学习气氛好

　B. 组长能组织组员按要求完成学习任务,个别组员不能达成学习目标

　C. 组内有 30% 以上的学员不能达成学习目标

　D. 组内大部分学员不能达成学习目标

（2）对该同学整体印象评价：
_____
_____
_____。

教师签名：_____　　　　　　　_____年_____月_____日

参 考 文 献

[1] 史文库.汽车构造(下册)[M].6版.北京:人民交通出版社,2013.
[2] 周林福.汽车底盘构造与维修[M].3版.北京:人民交通出版社股份有限公司,2015.
[3] 全国汽车维修专项技能认证技术支持中心编写组.手动变速器和驱动桥[M].北京:教育科学出版社,2004.
[4] 武华.汽车底盘构造与拆装工作页[M].2版.北京:人民交通出版社,2013.
[5] A·E·斯卡沃勒尔.汽车构造原理与维修应用(底盘和附件篇)[M].北京:机械工业出版社,2004.
[6] 易毓.丰田海狮金杯客车维修手册[M].沈阳:辽宁科学技术出版社,2000.
[7] 汤姆·伯奇,查克·罗克伍德.汽车手动传动系与驱动桥[M].马林才,吕风军,雷琼红,刘颖,译.北京:中国劳动社会保障出版社,2006.
[8] 丰田汽车公司.汽车基本常识与工作原理[M].北京:高等教育出版社,2007.
[9] 丰田汽车公司.汽车动力总成维修[M].北京:高等教育出版社,2006.